中华先贤人物故事汇

徐霞客

朱千华 著

中华书局

图书在版编目（CIP）数据

徐霞客/朱千华著. —北京：中华书局，2019.6（2024.11 重印）
（中华先贤人物故事汇）
ISBN 978-7-101-13838-2

Ⅰ.徐… Ⅱ.朱… Ⅲ.徐霞客（1586~1641）-生平事迹
Ⅳ.K825.89

中国版本图书馆 CIP 数据核字（2019）第 058218 号

书　　　名	徐霞客
著　　　者	朱千华
丛 书 名	中华先贤人物故事汇
责任编辑	李洪超　董邦冠
美术总监	张　旺
封面绘画	张　旺
内文插图	顾梦迪　穆瑞桐
责任印制	管　斌
出版发行	中华书局
	（北京市丰台区太平桥西里38号　100073）
	http://www.zhbc.com.cn
	E-mail:zhbc@zhbc.com.cn
印　　　刷	三河市宏达印刷有限公司
版　　　次	2019 年 6 月第 1 版
	2024 年 11 月第 7 次印刷
规　　　格	开本/787×1092 毫米　1/32
	印张 4　插页 2　字数 50 千字
印　　　数	42001-44000 册
国际书号	ISBN 978-7-101-13838-2
定　　　价	20.00 元

出版说明

　　孔子周游列国，创立儒家学说；张骞出使西域，开辟丝绸之路；书圣王羲之，留下了曲水流觞的佳话；诗仙李白，写下了"举头望明月，低头思故乡"的名篇；王安石为纠正时弊，推行变法；李时珍广集博采，躬亲实践，编撰医药学名著《本草纲目》……

　　这些杰出的历史人物，有的是在中华民族文明进程中做出过突出贡献、对后世产生过巨大影响的思想家、政治家，有的是对中华优秀传统文化的传承传播发挥过重大作用的文学家、艺术家、科学家，有的是为国家安定统一、民族融合团结和中外文化交流做出过杰出贡献的军事家、外交家……他们为中华民族的繁荣发展做出了伟大的贡献，他们的行为事迹、风范品格为当世楷模，并垂范后世。

他们是中华民族的先贤人物。他们的思想、品德、事迹，是中华优秀传统文化的结晶。他们的故事，是对中华民族的禀赋、特点和气质最生动、最鲜活的阐释。他们的名字，在五千年中华文明史上最为光彩夺目。他们为五千年中华文明史书写了最为光辉灿烂的篇章。

为了解先贤，走近先贤，我们精心组织编写了这套《中华先贤人物故事汇》丛书。以详实可靠的史料为依据，以细腻动人的故事为载体，真实地呈现中华先贤人物的事迹、品格和精神风貌，彰显他们的贡献和功绩，以激发人们对国家民族的热爱，对中华文明、中华优秀传统文化的崇敬。

开卷有益，期待这套丛书成为你的良师益友。

目 录

导 读

　　徐霞客，原名弘祖，字振之，号霞客，是我国17世纪伟大的探险家、地理学家。虽生于名门望族，却不屑举业，志在五岳。他的足迹东起江浙，南抵闽粤，北至燕冀，西达云贵，遍及今天十九个省、自治区、直辖市。

　　徐霞客一生布衣，每次出行，都属于自费考察，同伴只有仆人、友人。他竹杖芒鞋，或踯躅于深山老林之中，或攀登于陡崖峭壁之上，或匍匐于野寺古洞之内。这种不畏艰险、孤军深入的考察，常使自己陷入险地，但他一直坚持身临其境，以获得第一手材料。

　　考察祖国的大西南，是徐霞客一生中史诗般

的壮举。他跋涉蛮荒，一路上危机四伏，险象环生：三次遇盗，数次绝粮，滚落山坡，跌入深渊……面对重重艰难险阻，徐霞客毫无畏惧，他说："任何情况都不能改变我的意志，我扛着一把铁锹而来，中华大地何处不能埋葬我的身躯？"

徐霞客是世界上对岩溶地貌（又称石灰岩地貌、喀斯特地貌）进行大规模考察，并作详细记录和深入研究的第一人。他横穿云南，对金沙江、澜沧江、怒江诸水实地调查勘测，写成《溯江纪源》（又称《江源考》）和《盘江考》，详细论证长江和盘江的水源，肯定金沙江为长江上源，为后人留下了扎实的地理资料。他不因循守旧，也不迷信典籍，而是大胆怀疑，小心求证，在科学考察的历史上树立了一座丰碑。

徐霞客穷江河之渊源，寻山脉之经络，为后世留下了六十余万字的地理考察巨著——《徐霞客游记》。这部巨著，极具科学价值，文学价值也很高，被誉为千古奇书。

少蓄五岳之志

晚明万历年间，南直隶江阴县（今江苏省江阴市）旸（yáng）岐村的徐家大院，刚刚完成了一次分家，徐有勉分得了作为家中学堂的湖庄书屋。没多久，徐有勉喜得一子，这是他的第二个儿子。大儿子弘祚已经二十一岁了，对这个晚来的儿子，徐有勉与妻子王孺人都格外珍视，他们给儿子取名弘祖，小名祖儿。

祖儿长大成人后，喜欢游历名山大川，有一次去拜访隐居佘山的著名书画家、文学家陈继儒，两人一见如故。他们同游佘山，只见四野寥阔，满天霞光，陈继儒说："我送给个别号吧，叫霞客，希望你无论走到哪儿，都有霞光照耀。"后来人们都叫他徐霞客。

徐霞客七岁的时候，徐有勉花了大价钱，为他聘请了一位以教学严谨而远近闻名的塾师吴先生。

吴先生对祖儿管教十分严苛，若背不出课文，就拿戒尺抽打手心。

祖儿被先生打手心是家常便饭。他对记那些枯燥的"四书""五经"不感兴趣，他喜爱窗外那棵老樟树，上面各种鸟儿叽叽喳喳，在树枝上跳来跳去，很热闹。

看到儿子的小手心被塾师用戒尺打得通红，母亲王孺人不依。

王孺人疼爱祖儿，有个重要原因，祖儿是老来子。王孺人四十二岁时，才怀孕生他。如今，老大已成家，老二才上私塾。所以，祖儿成长的每一步，王孺人都特别关注。

其实，王孺人看到祖儿的小手心被打得通红，已有好几次了。打祖儿的小手，就是在打她的心。王孺人本想对塾师说点什么，却一直忍着。今日祖儿的小手心比往日还要红肿，她再也忍不下去了。

王孺人对塾师说："吴先生，祖儿那么小，怎么可以打他手心？"

对于王孺人的质疑，塾师有些诧异。打手心是塾师最常用的教育手段，得到众多父母认可。

塾师回答："自古道，棍棒出孝子，娇养忤逆儿。孩子不打不成器。"

王孺人说："娇生惯养、纵容溺爱固然不可。但学童年幼，顽劣乃是天性，《论语》中也说，夫子循循然善诱人。学童学不好，老师也要反省，课徒方法是否得当。"

东家话说到这份上，这位以严苛著称的塾师，无法再教下去，只得请辞。

徐霞客的第二个塾师，大家都称他季先生。

这位季先生带来个幼童，五六岁的样子。刚来旸岐村时，季先生抱歉地对徐有勉说："老爷，这是我娃，小名良儿。您放心，他很乖，就让他坐在旁边听听。"

徐有勉看那孩子，木讷，笨笨的样子，坐在那里一动不动，就说："季先生客气了，这是小事，无妨，让他和弘祖坐在一起听课。"

季先生果然不俗。为让徐霞客安心听课，他采取非常手段，将"四书""五经"与《山海经》《水经注》等闲书放在一起，错开教学。全新课徒法果然奏效，徐霞客不但认真听讲，而且听得入迷，津津有味。

一次，师生二人讲读《山海经》。徐霞客问："书上那些，都是外地仙山。我们这里也有仙山么？"

季先生说："有啊，怎么会没有呢？我带你去看。"

正是春日。季先生带着徐霞客和良儿，从学堂走到户外，徐霞客觉得一切都很新鲜。离家不远，有座胜水桥，立在桥上，可览旸岐村全貌。此桥原是木桥，后徐有勉改成高高的石拱桥。

师生登上胜水桥，桥下好大一条河。不远处大小山峰，连绵数十里。季先生指着最近的一座山说："此谓花山，白雾缭绕，这就是我们旸岐村

全新课徒法果然奏效，徐霞客不但认真听讲，而且听得入迷，津津有味。

的仙山。"

徐霞客十分好奇，问："花山上有神仙么？"

季先生神秘地说："轻点声。那么好看的山，怎么会没有神仙呢？"

那天，师生从胜水桥回到书屋，兴致很高，热烈地谈论着仙山的故事。季先生告诉霞客："那花山上住着仙人，能从这山飞到那山，还能呼风唤雨。每天晚上我们睡觉的时候，仙人就在整个村子里游荡，捉拿恶人。"

晚上，徐霞客瞪大眼睛，他在想，仙人是否进到村里了？等着等着就进入了梦乡。

第二天，季先生急匆匆来找徐有勉夫妇，说徐霞客一直没到学堂来上课。

一时间，徐府上下炸了锅，找遍各处角落，也未见徐霞客人影。最后，可能意识到事态严重，躲在树下默不出声的良儿感到害怕，他告诉父亲，徐霞客到花山找仙人去了。

尽管还未走到花山就被徐府赶来的仆人们捉了回去，可徐霞客已经明白：学堂外面，原来还有那么多新奇有趣的事。就像行走的大路，从胜水桥一直走，路就一直向前延伸，每走一段，都会遇见新鲜光景。

良儿寡言少语，读书认真。此后，他多了个任务，霞客到哪里，他就跟在后面，远远看着，如果他再次外出找仙人，要立即报告。

几十年后，那个叫良儿的幼童，与徐霞客情如兄弟，并承父衣钵，成了徐家的塾师，为徐霞客的几个儿女讲课。更重要的是，徐霞客临终前，将倾注一生心血的六十万字日记手稿，托付他整理。他叫季梦良。

徐霞客十五岁时，从旸岐村去江阴城参加过一次县学考试。答卷洋洋洒洒，十分顺利，没有想到放榜时名落孙山。徐霞客十分郁闷，决定去江阴名胜黄山寺散心。

黄山寺位于城北四里处。徐霞客登上黄山峰顶，极目远眺，万顷碧空之下，浩荡无边的长江一泻千里，奔腾东去。徐霞客不由发出一声喝彩："好一条大江！"

面对滚滚东逝的长江，徐霞客激情澎湃，考

试落榜的烦恼，早抛到九霄云外。

徐霞客的喝彩声，引来一个人。此人四十岁左右，面带微笑，对徐霞客说："如果我没猜错，此次县试，相公考得不理想啊。"

"惭愧。先生如何知晓？"

"一般来说，能够通过县试的学子，此刻必定兴高采烈，在城中酒楼欢庆。只有落榜之人，才会到这江边落寞的黄山寺，思考今后的人生。其神情必然忧郁，落落寡欢。"

徐霞客见自己的心事被人家看得如此透彻，暗自惭愧。

中年人笑道："考不上又如何？我当年也没考上。人生苦短，大丈夫活在世上，一辈子若为考试所累，岂不悲哉，岂不惜哉！你看天地江山如此广阔，什么功名仕途，不过烟云。"

徐霞客第一次遇到如此洒脱之人，十分好奇，问道："没有功名，又如何人生？"

"一辈子为功名所累，还是踏遍万水千山，去寻觅活着的意义？面对选择，不同的人会有不同的困惑。"

徐霞客越听越觉得新鲜，后来才知道，眼前潇洒之人，正是江阴著名诗人许学夷前辈。

徐霞客问道："前辈，您认为该如何解决这个困惑？"

许学夷望着江水，目光深邃，对徐霞客说："其实，解决人生中很多困惑和难题的答案，都在路上。当你走上一条路，就会忘记身后熟悉的世界，到一个陌生的地方开始冒险之旅，无论是怎样一段旅程，你都会得到所有的答案。"

在路上，多么新颖的想法啊。徐霞客心中豁然开朗，想起童年时去花山寻找仙人，从那时起，自己就已在路上了。

许学夷说："你看对岸那座小山，叫孤山，千百年前，这片地域还是汪洋大海，孤山就一直在大海中。沧海桑田，它至今仍立在那里。还是杜工部看得透：'尔曹身与名俱灭，不废江河万古流。'我们可不要辜负了这亘古的江山，不要辜负了永恒的大地。"

徐霞客受到许学夷的启发，他说："终有一日，我将走在路上，我想踏遍三山五岳，我要穷江河之渊源，寻山脉之经络。"

许学夷深为赞许。两个落榜之人相见恨晚，遂成莫逆之交。他们曾数次前往太湖、苏州、无锡等地，进行过一些短途旅行。

通过观察，许学夷觉得徐霞客虽无意科考仕途，但他胸怀五岳之志，更可贵的是，许学夷在他身上，发现了一种执着的探索精神，这让他很满意，并由此对这个小伙子刮目相看。

后来，许学夷将爱女许心慈嫁给了徐霞客。

母亲的影响

    一般家庭，大多是父辈性格影响子女。但徐霞客不一样，他后来之所以越险阻、染霜雪，驰骛（wù）数万里，踯躅（zhí zhú）三十年，却和母亲王孺人的言传身教分不开。

    王孺人娘家在江阴城，也算是大户。王家这位小姐不同凡响，从不娇生惯养，而是喜欢女红，善理纺织、桑麻、蔬果之农事。总之，王小姐在性格上，不像大家闺秀，她整洁大方，生性好动，对一切新奇事物都充满浓厚兴趣。

    在嫁给徐有勉之前，王小姐还有一段传奇经历。

    明朝从隆庆到万历的几十年间，正是海上倭

寇最为猖獗的时期。江南常州府一带，是物产丰饶的鱼米之乡，倭寇虎视眈眈，觊觎（jì yú）已久。

一天，倭寇侵犯江阴县城。由于城门防守严密，倭寇只能翻城墙而入。他们先把铁三爪甩向墙头，勾住墙垛，再顺绳上爬，进入城内，奔向各个富户人家。城东王家是倭寇们首要光顾的地方。

在江阴城内，倭寇受到了守城将士与民众的顽强阻击。倭寇为保存实力，并不恋战，且战且退。其中一寇落单，独自逃窜，明军在后紧追不舍。路过王家大院门前，正好从门内走出一女子，臂弯里挎着一只竹篮，倭寇出其不意，从后劫持，女子遂成人质。

很快，明军把倭寇团团包围。倭寇垂死挣扎，以刀抵女子颈脖，与明军对峙。

倭寇没有想到，这位看似软弱的娇小姐，并不是平日里任由他们欺辱摆布的弱女子。倭寇与明军对峙的同时，女子的手已悄悄伸入竹篮，拿出一枚工具，然后使出全身力气，猛地戳进倭寇的身体。

那工具十分锋利，一招制敌。倭寇惨叫一声，女子像泥鳅一样脱身而去。

女子竹篮里所装的，是几枚尖锐的、被磨得滑亮的织布机机梭，比起利刃，机梭更加顺滑有力。

勇敢的女子正是王家大小姐，她刚要把这几枚修好的机梭送到自家的织坊。

王小姐十七岁时嫁给旸岐村的徐有勉，成为十里八乡最传奇的女性。

徐霞客经常听镇上的人说起母亲，绘声绘色讲她一把机梭斗倭寇的故事。一次，徐霞客问："阿娘，当时您不害怕吗？"

王孺人淡淡地笑道："要说不害怕，那是假的。重要的是，要学会随机应变，无论遇到任何困难，都不能慌，要冷静，凡事总会有办法解决。"

后来，徐霞客走上探险之旅，无数次死里逃生，王孺人胆大心细的性格，给了他很大的影响。

王孺人在娘家时，已有织布、管理织坊等技能，嫁与徐有勉后，见徐家织坊衰落，遂重新打理，同时开垦野坊村一带的芦苇滩，让佃户们种

王孺人淡淡地笑道："要说不害怕，那是假的。……无论遇到什么困难，都不能慌，要冷静，凡事总会有办法解决。"

桑养蚕。

王孺人不但有一手绝好的织布手艺，还会设计各种花色布纹。徐家所产织品，供不应求。徐霞客的好友陈继儒，撰有一篇《王孺人传》，这样评价："孺人织布精好，轻弱如蝉翼，市者辄能辨识之。"就是说，布料精美，薄如蝉翼，购买者一看就知道，是老徐家织的布。

在王孺人的精心打理之下，徐氏织坊拥有织机二十余架，纺纱织布已成为徐氏家族的重要产业。并且因徐氏布料品质优良，有极好的声誉，借水路之便利，一直远销到松江等地。

徐家的产业蒸蒸日上，为徐有勉、徐霞客父子俩出门旅行提供了重要的资金保障。

万历三十二年（1604），徐有勉足疾复发，引起哮喘，病得厉害。

徐有勉临终前，招来家族成员，嘱咐王孺人："我已日薄西山，去日无多。家中诸子，老大弘祚、老二弘祖，可分得徐氏家业。至于小儿子弘褆（tí），本是庶出，切不可与两位哥哥分得同样家产。但你念他年幼，孤儿寡母也是不易，由你酌情分些便是。"

王孺人说："老爷，此话差矣。弘褆虽是庶出，但也是你的骨肉。既由我做主，所有家财，三个儿子等分继承才好，断不能有丝毫差别。否则，让外人笑话，说我徐家无情无义。这样的骂名，我断然不会接受。"

徐有勉说："如此甚好。老二，你过来。"

徐霞客来到父亲跟前。徐有勉说："我们徐家，你读书最多。虽无缘仕途做官，但希望你按照自己的愿望去生活。污浊的官场，何必硬要挤进去弄脏自己？只是，不管你去哪里，到了何方，都要及时归来，不要让你母亲担心。"徐霞客一一应诺。

徐有勉去世后，徐霞客到江阴迎福寺，请住持莲舟上人来家中做法事。闲谈中，徐霞客发现，他与莲舟也很投缘。莲舟曾云游四方，各种见闻如数家珍，说得徐霞客心痒难忍。两人约定，有朝一日同游山水。

徐霞客在旸岐村拒绝外界的一切应酬，为父

守孝，整整三载。

有一天，王孺人找到徐霞客说："祖儿，可苦了你，现在三年孝期已满，你好好放松自己，出去散散心吧。你看，我给你做了一顶帽子，叫远游冠。"

王孺人不仅支持徐霞客探游山水，还亲手为徐霞客缝制了这顶帽子。她说："祖儿，看你的脸晒得这么黑，为娘心里难过，这顶远游冠，是我特意为你做的，可遮阳挡雨，冬日还可防寒，一冠多用，最适合你。"

徐霞客心想，还是母亲知道自己的心事。

此后的几年间，徐霞客戴着母亲缝制的远游冠，和家仆顾行一起，到北方、中原、东部地区旅行过数次。徐霞客眼界大开，他发现这世上还有鲜为人知的千山万壑与更为壮阔的浩荡江河，还有令人销魂的无尽碧空和磅礴大地。

寻找雁湖

    徐霞客为父亲守孝期间，详细阅读了湖庄书屋里的一些藏书，尤其对《大明一统志》产生了浓厚兴趣。书中有这样一段记载，雁荡山（位于今浙江温州东北海滨）之巅，有个雁湖，芦苇丛生，结草成荡，方圆十里。成群大雁栖息湖边，它们朝沐霞光，暮送落日。雁荡山著名景观大龙湫瀑布的水源，即来自雁湖。

    元代文学家李孝光曾住在雁荡山下。他自言，每年都要率三四人至山中览胜，并写有大量雁荡诗文，说李孝光是位"雁荡通"并不为过。一次，有个僧人至李孝光家化缘，自述曾在雁荡山之巅的雁湖畔待过一段时间。和尚绘声绘色地说起雁湖种种神奇的景象，比如，在雁湖岗可望见温州城和瓯（ōu）江，雁湖岗的老鼠大如狐狸，竟与人相向而坐……

僧人一番话，说得李孝光十分心动，遂详细问明路径，打算用两天时间去雁湖一游，最后却未去成，只走到梅雨潭。

徐霞客查阅李孝光诗文，似乎一生都未见过雁湖，遂产生一个疑问，雁荡山之巅，果真有此神秘的雁湖吗？

徐霞客找到好友，江阴南街迎福寺的住持莲舟上人，说出自己的疑惑，希望莲舟一同前往雁荡山考察。莲舟答应了。

徐霞客带了两个家仆顾行、王二，和莲舟上人一起离开天台山（位于今浙江天台城北），乘船南下，绕过台州府城，然后抵达黄岩，登上盘山岭，纵目远眺，雁荡山诸峰已遥遥在望，就像无数木芙蓉，直插蓝天。

雁荡之美果然名不虚传：断崖峭壁，犹如刀削斧劈，山成半片，直立千仞。但是，方圆十里的雁湖在哪里呢？

根据《大明一统志》记载，首先需要找到大龙湫瀑布，然后溯水而上，不就可以找到雁湖了吗？

那天，徐霞客一行从灵岩寺山门出来，沿山麓右行，一路上但见山崖参差，流霞映彩。大龙湫太有名了，一问过路僧人，大家都很熟悉，说很快就到了。

大龙湫瀑布剧烈的轰鸣声已经传到耳际。再往前，沿山溪而行，峰回壁合，天下闻名的大龙湫轰然出现在眼前。只见一条如白练般的瀑布，半空雪舞，无所依傍，又似轰雷倒雪，令人目眩心惊。

看到如此惊心动魄的大瀑布，徐霞客心想，水量如此之大，那山顶雁湖之水，则可想而知该有多丰满。

既已找到大龙湫，找到水源也就是轻而易举的事了。书上记载得很清楚，大龙湫水源来自雁湖，雁湖应该在后面不远的地方。

此时，徐霞客还只是怀疑，山顶上是否真有雁湖。他并不知道，《大明一统志》上"大龙湫水源自雁湖"的记载，是个以讹传讹的错误。为此，徐霞客差点命丧雁荡。

徐霞客和莲舟在附近的亭子里坐了许久。大家欣赏着大龙湫的壮观气象，想着天下闻名的景观就在眼前，真是令人陶醉。忽然间，蒙蒙细雨下个不停。

"大龙湫已找到，雁湖即在山后，是否继续前行？"莲舟年龄大了，走山路有些吃力，他觉得可以尽兴而归。

"看这水势，山顶上的雁湖定然广阔无边，既来此，焉能不去观赏？如果您太累的话，可以先下山休息，等我回来。"徐霞客意犹未尽。他想找到雁湖，亲眼看一下山顶的壮阔奇景。

"不，我和你们一道上山。走，找雁湖。"莲舟也不想半途而废。

徐霞客一行冒雨继续赶路。可群山茫茫，雁湖在哪里呢？

到达常云峰后，再由半道攀登上山，经过三里多非常陡险的石阶，到达白云庵。

这是一座荒芜坍塌的小庙，奇怪的是，还有个和尚躺在灌木丛中。

"请问师父，去雁湖怎么走？"徐霞客上前问道。

那个寺僧不知是不是没听懂，一声不吭。

"师父，请问去雁湖，从这儿可以找到吗？"徐霞客再问。

还是没有回答。莲舟继续问，那寺僧也不答，指了指自己的耳朵。大家都明白了怎么回事。既已至此，不管前面是否有雁湖，只得继续前行。

再行一里路，遇到一个小庙，叫云静庵，徐霞客看看天色将晚，决定在此投宿。

进入寺内，看到一个老和尚，法名清隐，正卧病在床，据他说，身上的病已有几十年了。不过，现在还能与客人谈笑。徐霞客问雁湖所在，清隐说，他知道，但离这里颇远。

徐霞客放心了。大家展开被卷，在如此荒芜的野寺中栖息。

寺外雨声凄凄。想到明日即可见到传说中的雁湖，真相即将大白，徐霞客夜不能寐，直至天明。

次日，天气晴朗。大家在寺中吃过早点，想早点赶路。

"清隐师父，我们初次进山，不知雁湖在何处，能否请您的徒弟帮忙做个向导？"徐霞客问。

"那雁湖，水中长满芦苇荒草，有的已变成荒芜之田，实在没什么可看的。"清隐似乎不太愿意让徒弟带路。

"我们请您的徒弟，也会给庙里添一些香火钱。"徐霞客让顾仆拿出半两银子，放在清隐的床头。

"徒弟要到别的地方去，这样吧，可以送你们到一座山顶，然后你们就自己走。"清隐折中了一下，想出这个办法。

"这样也好，不然，迷路就麻烦了。"徐霞客心想，向导带一段路，再指明方向，应该不会走错了。

大家继续出发。每人手握一根拐杖，在深草丛中攀登，一步一喘，走了数里路，才到达一处高峰。四下一望，白云弥漫，平铺在山峰之下。诸峰朵朵，仅露峰顶，日光照耀之下，就像冰壶瑶台，分不清是海洋还是陆地。

做向导的和尚说，他只能到此了，先告退。至于雁湖，还比较远，在西部的一座山峰上，需要翻越三道尖峰。

徐霞客只得继续前行。按向导所指的方向，他们越过一座山峰，发现前路已断绝。山势越来越陡，莲舟说："不对啊，路都没了，怎么找到雁湖呢？"

徐霞客的心凉了半截。莲舟有些吃不消，说："我们一起回去吧。这里不像是有雁湖的地方。"

徐霞客想了一下，决定让莲舟沿原路下山。他们主仆三人，在荒无人迹的山间继续翻山越岭。

山越来越高峻，山脊也越来越狭窄，两边岩壁相夹，十分陡峭，好像行走在刀背之上。

走到这里，徐霞客也感到疑惑，看看四周，这里山峰林立，山谷幽深，又怎能容下一个雁湖呢？他是照向导指引的方向行走的。是向导指错了路，还是迷路了呢？

徐霞客在悬崖上踌躇再三，由来路返回，心

有不甘。往下看时，隐约可见，有一块小石级。徐霞客决定，从那儿下山，或许能找到通往雁湖的路。

但是，主仆三人处在一块悬空的岩石上，却无路到达下面的石级。徐霞客想出一个办法，让顾、王二仆脱下裹脚布，共四条，接成布绳，一头系在松树根上，一头悬空垂下，三人可顺布绳滑下去。

顾仆先下。风太大，他说什么，上面的徐霞客没听清。

徐霞客准备第二个顺布绳滑下去。当他滑到下面时才发现，那是块很小的石阶，顾行已站在那里，再也容不下第二个人。怎么办？

当时，徐霞客双手握着布绳，一只脚踏着石阶，另一只脚悬空，顾行又不敢拉，怕把自己和徐霞客都拖下山崖。因脚下不稳，一阵风吹来，徐霞客开始凌空飘荡。脚下面，正是崖壁，深不可测。

徐霞客像个挂在枯藤上的吊瓜，在崖边荡来荡去。顾行很着急，想拖拽主人，徐霞客命他别动。否则，两人都有可能被拽落深谷。

布绳在凸出的岩石边磨来磨去，忽地响起撕裂声，布绳断了！

就在布绳断裂快要落下的那一刻，徐霞客迅速把断布条扔给顾行，用双手死死抓住石块的边缘，整个身子悬空在那里。

此命悬一线之际，徐霞客想起勇敢的母亲，她在顽寇刀下能脱身，我也一定能脱险。冷静，沉着，办法总会有的！

徐霞客观察了一下，发现如果顾仆举起手，可以把断布绳接上。他对顾行说，快，把布绳接上！

顾行立即将断布绳打结，他从小到大，没经历这么危险的事，浑身哆嗦，越是害怕，越是紧张，打了几次结，才把布绳接上。

而此时，徐霞客正用尽全身力气，双手紧紧抓住石块。他知道，这个时候绝不能松手，否则就会粉身碎骨。

顾行把打结的布绳，放到徐霞客面前。

徐霞客双手扯住布绳，竭尽全力上攀，腾空

跳跃，终于回到上层的松树下。后来，徐霞客与王二一起，把顾行拉上来，主仆二人这才脱离险境。

这惊险的一幕，让徐霞客浑身湿透。主仆三人在松树岩坐了半晌，徐霞客看看四周，终于明白，这山壑重重，几无立足之地，怎么可能会有湖泊存在？如果有，那肯定是在别的地方。至少有一点可以肯定，大龙湫的水源，绝不是雁湖。

主仆三人，原路回到云静庵。此时太阳西坠，大家的衣服鞋子全都弄得破烂不堪。没有找到雁湖，徐霞客心情很郁闷，遂告别清隐师徒下山。

初寻雁湖遇险，几乎葬身崖壑，徐霞客第一次探寻雁湖以失败告终。

但是，寻找雁湖，永远是徐霞客心中的一个结。

将近二十年过去了。崇祯五年（1632）四、五月之交，徐霞客再次来到雁荡山。这年，他已四十七岁。此时的徐霞客，已经积累了相当丰富的登山探险经验。这次，他取道西外谷上山，几乎没费什么周折，便非常顺利地找到了雁湖。

行走途中，徐霞客望了望远方的那道山梁，想到从前探访雁湖，为断崖所阻，凌空飞跃的惊险一幕，历历在目，无法忘怀。

徐霞客对雁湖做了详细的考察和记录。雁荡山顶确实有雁湖，但不同于我们想象的那样，雁湖不是一个大湖泊，而是由六个以上的小湖组成，芦苇密布，青青弥望。

他还说明了雁湖水的走向，与大龙湫瀑布风马牛不相及。

至于"巨荡高山顶，平铺十里多"云云，不过是未曾见过雁湖的诗人们，在家闭门造车的想象和夸张，信他不得。

我本痴人

万历四十四年（1616）二月，徐霞客前往黄山。

初三日，大雪盈尺。徐霞客随樵夫行于皖南山间，深一脚浅一脚，走了很久。樵夫说，祥符寺到了。

黄山近在眼前，徐霞客决定在祥符寺住下。寺僧见来人面色黝黑，相貌清奇，谈吐不俗，遂将祥符寺与黄山典故一一道来。李白、贾岛、杜荀鹤、范成大等大诗人曾相继在此游览，留下无数诗篇。宋代祥符寺住持行明，将收藏的《黄山图经》刻印成书，山峰、溪流等一一标注，黄山之名日盛。

"请问法师，何处可沐浴？"徐霞客问。

"您看这雪天奇寒，滴水成冰，衣服一脱，身子就能冻透，即使是温泉，那也需等待春暖花开，方可沐浴。"寺僧有些吃惊。

"黄山名刹无数，乃佛教圣地。山下设泉者，乃山神所为。凡人上山，务必沐浴更衣，以示对神佛敬仰。"徐霞客说。

"汤泉隔溪可见。"寺僧闻言，连连称是。

徐霞客从祥符寺渡过小溪，果见一温泉，雾气缭绕，一片朦胧。

温泉前临溪水，后倚岩壁，三面砌以石块，上面架石条，像桥一样。泉水深三尺，冬日寒冷，然泉水甚旺，池外寒风飘雪，池里热气蒸腾。水泡从池底汩汩冒出，空气里弥漫着清香。

沐浴半晌。壁上"一洗红尘"四字，十分醒目，徐霞客看了，笑笑，心上蒙尘能洗么？汤池水汽淋漓，徐霞客须发湿透。他想到三年前，自己在水中赤足而行的情景。

天台石梁下，山溪汹涌，其势如万马奔腾。

离瀑布一百多米远的地方，有一座造型简洁的石桥，叫作仙人筏，是瀑布下游的第一座桥。徐霞客对莲舟上人说："您先去下面的那座桥上等我。我从下面蹚水过去。"

莲舟知道徐霞客的脾气，总喜欢另辟蹊径，就由着他，自己往仙人筏走去。

徐霞客脱去鞋袜，走进冰冷的山溪之中。

虽是立夏时节，水还是很凉，如同走在冰块上。他的身体浸泡在溪水中，摸索前行。水里卵石长满青苔，稍不留神就会滑倒。走着走着，徐霞客感觉脚底十分柔软，他看到水下都是油油的水草，感到快慰而且舒坦，这种感觉，从来都不曾有过。

徐霞客很享受这种在水里赤足而行的感觉，就如同现在，浸泡在山野的温泉中。

良久，徐霞客走出泉池，面对群山，赤身坦荡，张开双臂，让雪花飘满胸膛。泉水洗身，雪花沐心，正可荡涤肺腑。

这天，大雪封门。徐霞客放弃赶路，独坐禅

房，听雪一日。

世人多看雪。所谓雪落无声，哪有听雪的？徐霞客的好友陈继儒曾说，春听鸟声，夏听蝉声，秋听虫声，冬听雪声。

徐霞客盘腿而坐，如老僧入定，谛听雪声。大凡猛雪，即可听见雪洒竹林，淅淅沥沥，萧萧落下。竹上积雪越多，雪声越重。

随着风声与竹叶摩挲，雪声轻重缓急，声韵如玉箫悠然，忽而旋风骤然压来，积雪断竹，啪啪之声不断，雪团轰然坠地，散成碎片，却又如檀板惊梦，让人陡觉寒气弥增。

徐霞客安静地盘坐着，雪安静地下，耳里、心里、室外只有雪，物我两忘，到处都是落雪的声音。此等天地大美，又岂是寻常人等能够看到的？

大雪封山，已有三个月。雪还在下。徐霞客想等雪停再上山，看看天色，雪完全没有停息的意思。

慈光寺的僧人告诉他，去山顶几个寺庙的

路，都被厚厚的积雪封闭，早上派人往山顶送粮，因积雪太厚，无法通行，只好返回。

徐霞客决定，不再等待。他找到一位向导，各自拿着一根竹杖，准备上山顶。

离开慈光寺数里，石级越来越险峻，积雪也越深。背阴的地方积雪成冰，坚硬而且溜滑，不能落脚。

向导问："徐先生，此漫天大雪，行路如此艰难，您上山是要寻找什么东西吗？"

徐霞客不知该怎么回答他，就说："是啊，不找东西，我上山做什么？"

徐霞客走在前面，他用手杖凿冰，凿出一孔，放置前脚，再挖一孔，挪动后脚。

忽然，有两个寺僧仿佛从天而降。他俩走到近前，合掌施礼，说："我们被大雪阻隔山中，已有三月，现在勉强出来寻粮。浑天大雪，你们如何上得山来？"

徐霞客只说去光明顶。

顺着寺僧指引的莲花峰，向北走，上下好几次，终于到达天门附近。

向导又说："徐先生，若不是要紧事，我们返回还来得及，前面的天门，就是鬼门关，若无雪时，尚且难行，今大雪没腰，危险异常。恐行不得也。"

徐霞客笑着说："越是有雪，越是谨慎，所以行得。"

天门两侧，壁如刀削，陡直相夹，中间窄小，只容一人摩肩而行。高数十丈，仰面看去，阴森黯然，令人毛骨悚然。

天门里，积雪更深。徐霞客依然凿冰攀登。

经过千辛万苦，徐霞客终于如愿以偿，登上光明顶。

光明顶上有块巨石，石上有棵怪异的老松，盘根错节。徐霞客爬上巨石，席地而坐，只见天都、莲花两峰在前方并肩而立，翠微、三海门在后面环绕。向下看去，极其陡峭的山崖和峻峭的山岭，都在大山坞中了。

冰天雪地上，徐霞客独然而坐。

良久，向导走到徐霞客身边，问道："徐先生，恕在下冒昧，有一事实在不明，想请教。您

徐霞客爬上巨石，席地而坐，只见天都、莲花两峰在前方
并肩而立，翠微、三海门在后面环绕。

看这大雪天，不在家烧火取暖，围炉煮酒，与家人团聚，共享天伦，却不惜舍身，冒死登山。黄山再美，不值得您如此冒险啊。我是家贫，挣点银子。而您，却又为何故？"

徐霞客回答说："我是痴人。"

在向导眼睛里，如此怪僻的行为，也只能是痴人了。

交游黄道周

    福建漳州府漳浦县城北，有一座普通的山岭，名北山。由于位于北郊荒野，平常游人极少。漳浦城中百姓，亦少有人至此。久之，成为一片荒园。再后来，成为一座墓园。那段时间，儒学大师黄道周（号石斋）因父病故，辞归故里，在北山墓园之侧，结庐守墓。

    黄道周学识渊博，治学严谨，他既是书画家、文学家，更是一位正气凛然、忠贞为国的廉吏名臣。

    崇祯元年（1628）四月初的一天。

    那日，黄道周正在草庐中读书，偶一抬头，忽然看见，父亲的墓前，来了一个面色黝黑、身材瘦高的中年人，他从竹篮里拿出一些果品，轻轻放在墓前，然后焚香，对准墓碑叩首，拜了三拜。

"在下黄道周谢礼！"黄道周连忙前去还礼。看此人眼生，素不相识，又见他如此多礼，心中纳闷。忽然想起，老友陈继儒曾在信中提及此人，个高瘦黑，一定是他，便问道："阁下莫非是江阴徐霞客兄？"

徐霞客望着思慕已久的黄石斋，眼圈有些湿润，他双手抱拳："正是在下，石斋兄，久仰了！弘祖特来拜访。"

望着眼前风尘仆仆的徐霞客，黄道周非常感激。一布衣，一朝廷高官、儒学大师，两个风马牛不相及的人，却从此结成了死生不易、肝胆相见的深厚情谊。

徐霞客与黄道周原先并不熟识。黄道周也不知世间有徐霞客此人。但黄道周的大名，徐霞客从师友那里时有耳闻。最初，知其为儒学大师，学贯古今。一次，徐霞客在好友陈继儒处，见到黄道周一幅行草墨迹，通篇气势浑厚，瑰丽奇崛，不拘成法，徐霞客非常膜拜。

徐霞客四十三岁那年，由于思慕黄道周心切，便打算赴闽远游，然后专程拜访黄道周。

就这样，徐霞客从家乡出发，千里迢迢来到福建漳州。

荒野的北山墓园边上，徐霞客与黄道周一见如故。

"霞客兄，你从哪儿过来的？"黄道周问。

"石斋兄，我在陈继儒处，看到您的墨宝，又听说您回乡为父守孝，我这才从江阴专程赶来。不然，您一直在朝廷为官，我一介布衣，连见您的资格都没有。"徐霞客说。

"从江阴专程赶来，路途遥远，辛苦你了，霞客兄。我这墓地草庐，除了两个家仆在此打理日常杂务，平常倒也少有人来，颇为清静。霞客兄若不嫌弃，可与我住在一起，我们促膝长谈。"黄道周为徐霞客的这份远道而来的情谊所感动，同时，他也对这个远离仕途、探求山水的奇人十分感兴趣。

"如此甚好。"徐霞客见黄道周如此热情，心里更加高兴。

"霞客兄远道而来，是我的贵客，本应喝个痛快。奈何守孝在身，万望见谅。"黄道周抱歉地说。

"无妨，我们随意。"

"不过，霞客兄来得巧。前面那片菜畦，挂满了茄子，必得一尝。"

两人敞开心扉，推心置腹，相谈甚欢。

黄道周说："走，我们去菜园看看，顺便摘些茄子。"

荒野之中，黄道周与徐霞客来到一片菜畦。

"读书疲乏之际，我就来这里，或除草，或浇水，或松土。几个月下来，也有了如许规模。"黄道周说。

徐霞客满目所见，碧绿的菜园子生机勃勃。满圃的茄子累累地挂着，紫红如玉，让人爱不释手。

徐霞客与黄道周，两人相见恨晚，常常秉烛夜谈，通宵达旦。

徐霞客在黄道周的北山草庐度过了十多天

时光。

临别之际，黄道周拿出一封信，交给徐霞客。他说："如果前往广东考察，可去罗浮山，我有个同榜进士，叫郑鄤（màn），他是常州人，你们是老乡。郑鄤得罪了阉党，为躲避迫害，他遁迹山水，进入罗浮山中，你可去看一下我的这位朋友。"并抱歉地对徐霞客说："因为守孝，有笔墨之戒，所以就不能写诗给你了。但下次有机会，我一定会送你一首长诗，以纪念我们这次难忘的相见。"

二人站在江边，互道珍重，依依不舍。

徐霞客出闽南，过潮州，去了罗浮山，见到了那位常州老乡，并转达了黄道周的问候。从此，黄道周、郑鄤、徐霞客三人，成了时常牵挂的挚友。

两年后，崇祯三年（1630）二月，黄道周守孝期满，准备进京复官。

黄道周从漳州动身，经过几日航行，至常州横林，弃舟上岸，登门拜访已从罗浮山归来的好友郑鄤。

郑鄤与黄道周是同科进士，也是志趣相投的好友。初次来常州，黄道周先在郡城（今常州市武进区）会见了郑鄤，然后跟随郑鄤乘舟至东郊横林，拜见了郑鄤双亲。

黄道周与郑鄤说起徐霞客，两人盛赞徐霞客孤身探险的胆魄。郑鄤说："这里去江阴不远，是否把徐霞客邀来一叙？"

黄道周说："这一次时间紧迫，怕来不及，马上就要出发了。"

郑鄤一家，送别黄道周离开横林，继续北上。

也许，真正的朋友之间，冥冥中会有心灵感应。黄道周前脚刚扬帆远去，徐霞客后脚就到了横林，他来看望郑鄤。

郑鄤告诉徐霞客，黄道周刚离开不久，正在途中。

徐霞客一听，没想到日夜思念的好友，与自己擦肩而过，急得火烧眉毛，立即找来一艘小船，去追赶黄道周。

每追上一条船，徐霞客都会遥遥呼喊："石斋兄，你等等我！"徐霞客不停地命船家加快速度。

　　古老的运河上，一遍又一遍回荡着徐霞客的呼唤：

　　石斋兄，你等等我！石斋兄，你等等我！……

　　运河上，一些船家纷纷探出头来，看着急切呼唤的那个人，只见他立在船头，不停地呼唤着，渐渐，声音有些沙哑，有些颤抖，有些变形，有些无助。

　　船家对徐霞客说："徐相公，前面已经快到丹阳了，他们的船比我们的快，可能追不上。"

　　徐霞客不说一句话，他不放弃，明知道可能真的追赶不及，但他仍用那沙哑的嗓子，无望地呼唤着。

　　实际上，黄道周所乘是一艘大船，速度相对慢一些。他正在船上读书，忽然听船家说："老爷，后面有个小船，好像在喊您的名字。"

　　黄道周一听，急忙丢下书本，迅速来到舱外，向后遥望，仔细看时，不由大喜过望，原来是徐霞客。黄道周立即命船家停止前进，等后面的小舟停靠。他张开双臂，拼命地挥舞着："霞客兄，我在这里！我在这里！"

徐霞客感觉无望之际，忽见黄道周站在船尾，挥舞着双臂，热泪一下子涌出来："石斋兄！"

分别两年之后，两位挚友再次重逢，喜悦之情溢于言表。两人在船上，沽酒对饮，互叙家常。

两年前，黄道周承诺为徐霞客写一首长诗，今日相逢，黄道周诗兴正浓，乘着酒兴，创作长诗一首——《赠霞客》。诗毕，又题跋，大意说："徐霞客乘小船，追我至丹阳。感念昔日不远万里到漳浦北山访我，当时我许诺给他写一首长诗，今挚友丹阳相见，理当践诺。酒酣耳热，不觉成篇。"

崇祯五年（1632）正月，黄道周因言获罪，被削籍为民，于二月回乡，南归途中，访徐霞客于江阴。他俩自春至秋，放浪山水。

崇祯十一年（1638），黄道周被诬陷入狱，遭酷刑，受毒打。此时徐霞客刚结束西南征程，回到江阴故里，双足已废，无法行走。他从朋友处得知黄道周的不幸，立即叫儿子徐屺（qǐ）带上衣物等前往京都慰问。

黄道周在狱中，由于双手遭到酷刑，几乎不能动弹。但他强忍剧痛，给徐霞客写了封回信。

几天后，徐霞客读到儿子带回的《狱中答霞客书》。好友处境艰难，可自己却束手无策，不由仰天长叹。他说："黄道周书画，为馆阁第一，文章为国朝第一，人品为海宇第一，其学问直接周孔，为古今第一。如此旷世之才，到哪里找得到呢？"

徐霞客去世一年后，黄道周昭雪出狱，被谪南归。他写信给徐屺，信中说："我平生结交颇多，但死生不易，割肝相示者，独有您的父亲徐霞客。"

开始万里征程

 1629—1633年间，徐霞客曾两次北上，游京师、山西，两次南下，游福建、广东，再游浙东，上天台登雁荡山，几乎踏遍东部山水。同时，徐霞客也一直在构想他"万里遐征"的宏大计划，等待时机成熟，准备沿着西南方向，进行一次万里远征。

 徐霞客的这个愿望，在年轻时就已经产生。他遍览方志，发现书中内容，对于西南边远地区的山川地理记载，十分稀少；所有志书，无一例外，都说那里是蛮荒之地。可真实情况如何，不得而知。那里的河流、山川，定然迥异中原。于是他萌生了有朝一日，实地探索一番，作一次西南之行的打算。

如今，双亲早已不在。长子徐屺、次子徐岘（xiàn）都已长大，并成家立业。徐霞客感到，自己年过半百，已到知天命之年，老病将至，西南之游，不能再拖延。这才打点行装，准备进行万里远征。

随行的仆人与挑夫，徐霞客在众多家仆中，选中了常跟随在自己身后的顾行和王二。顾行老实本分，吃苦耐劳，比较可靠。王二专职做挑夫，在一帮家仆当中，也算机灵聪明。

还有一人随行，即静闻和尚，他是江阴迎福寺禅师，是徐霞客好友、迎福寺住持莲舟的弟子。静闻佛心虔诚，禅诵二十年，刺血书写了一部《法华经》。他的心愿，是将血经供奉于云南佛教圣地鸡足山。

徐霞客准备了食物、衣服、用品、银两、纸墨文具等，甚至还带了不少酒。共装了四个箱子，由顾行与王二肩挑而行。

崇祯九年（1636）九月十九日，徐霞客乘醉放舟，行色豪壮。

徐霞客告别家人、朋友，一行四人，从江阴出发，开始了一生中最后一次、也是最壮烈的一次万里征途。

此次西南之行，不知何年何月才能回来，也不知前途有多艰险，一开始，徐霞客并没有直接向西，而是向东，绕道到达佘山。这样行走的主要目的，一是与沿途陈含晖、陈继儒等挚友告别，二是请他们给西南诸友写介绍信，希望届时给予帮助。

其时，陈继儒隐居佘山。见徐霞客来到，十分高兴，引入园林中，饮至深夜。并且给云南鸡足山的两位僧人写信，请他们接待徐霞客。

与陈继儒告别之后，徐霞客的西行之旅，这才算正式开始。

十月初，徐霞客从杭州出发，本想考察浙西山区的淳安等县，没想到的是，一路跟随的家仆王二不见了。这时，离开江阴才半月之久。

十月初五那天早上，鸡鸣时分，徐霞客吩咐王二做早饭。叫了数声，也无应答。

"王二哪去了？"徐霞客感到奇怪，把顾行

叫醒。

顾行揉着惺忪的睡眼，连忙起来找王二。静闻听说王二不见了，也起来帮助找。

"老爷，您别找了。王二跑了。"顾行看到徐霞客很着急的样子，只得说实话。

"什么时候的事？"徐霞客追问。

"其实他早就想跑了。每天挑那么重的担子，他吃不消，好几次他都说不想干。"顾行说。

"王二跑了，你也想跑吗？如果要跑，你得提前跟我说一声，我给你路费。"徐霞客对顾行说。

"老爷，您打死我，我也不会跑。您走到哪，我跟到哪。"顾行着急地说。

王二的逃跑，打乱了徐霞客的行程。他下个目的地是淳安，原计划是走八十里陆路，现在无人挑担，只得改走水道。

崇祯九年（1636）十二月初一日上午，徐霞客一行三人，从吉水（今属江西吉安）县城西门，乘船往西南，溯赣江而行，后停泊在一个叫梅林渡的地方（今江西吉安市青原区井冈山大桥下游两公里处）。由于下起零星小雨，徐霞客一行就住在梅林渡口的船上。

初二日黎明，徐霞客所乘船只刚挂帆出发，突然，有只顺水小船呼啸而来。一伙强人拦住徐霞客的大船，非常粗暴地掀开船篷，态度蛮横，强行索要船只。

船夫不从。那伙人便痛打船夫，且把船夫捆绑起来。船夫吓得惊恐万状。强盗们说，要解送官府的银两，需要征借民间大船。

这伙无赖之徒，个个势如狼虎，他们叱咤船夫，诈骗船只。此时，大船上共有乘客、船夫三十多人，但面对强人，个个束手无策。

徐霞客看不下去了，说道："你们既然是官府征集，总得出示官府的令牌吧？"

强人闻言大怒，将徐霞客的几箱行李，搬至他们的小船中，然后抢夺徐霞客租用的这艘大船。

徐霞客立即命顾行、静闻一起前去小船，要夺回行李。

这伙人把他们拦住，强行打开行李箱，翻来

翻去，都是些铺盖、衣物、书籍、法器之类的东西，不见贵重的金银物品，强人更是恼怒，问徐霞客是什么人，从何而来。

徐霞客见那伙人如此猖狂，据理呵斥："我等为守法良民，你们为何如此不讲道理，无故抢夺，强行索船？即便真的要解送官银，也没有中途上船的道理。这里离吉安府很近，何不一同前往府城，由官府出示征借令，再将大船给你们。"

那伙人听后，咆哮不已，大喊："快闪开！你不下船，连你一起带走。"

徐霞客站在大船上，心想行李都搬到小船上了，我要这船有何用？趁船靠岸之机，徐霞客突然纵身一跃，一个"旱地拔葱"，从船上腾空跳到岸上，对静闻、顾行说："你们看好行李，我去找官府的人。"

徐霞客上岸之后，立即飞奔。很快，找到当地一个姓王的人，他是梅林村的保长。

王保长很负责任，闻说水上有盗，当即召集村民，沿岸呼喊追船。群众声势浩大，每人手里

徐霞客突然纵身一跃，一个"旱地拔葱"，从船上腾空跳到岸上。

都拿了扁担、梢棍等。徐霞客也拿了根木棍，跟在队伍后面。

王保长一边沿着河岸追赶，一边高呼捉拿强贼，声音传出数里。

由于王保长带领的村民人多势众，抢夺大船的强人害怕了，他们见势不妙，急忙弃船上岸，落荒而逃。

徐霞客租的大船和几箱行李都安然完好。他向王保长和村民表示感谢，便又挂帆启程，向白鹭洲方向进发。

此时，赣江的水面上浮起一层白雾。

经过此事，静闻倒显得平静，任何一个地方，他都可以打坐念佛。

"老爷，这才走了几天，就遇到这些强人，后面路程更长，还会遇到什么呢？"顾行有些发抖。

"不管前面遇到什么困难，都无法阻挡我们。"徐霞客看了看灰蒙蒙的天空，坚定地说。

偏向云嵝行

　　崇祯十年（1637）正月十一日，这一天正好立春。徐霞客、静闻、顾行一行，来到了茶陵（今属湖南）县的芳（lè）子树下码头。当晚，旅店老板与徐霞客聊天，谈到此处有一名山，叫云嵝（lǒu）山，山上有宝刹名云嵝寺，高大宏伟，气象超凡。原来香火甚旺，只是多年前，有老虎抓走一个和尚，从此，豺虎昼游，山田尽芜，无人敢贸然进山。

　　徐霞客听闻此言，决定不畏艰险，去寻找云嵝寺，一睹风采。

　　徐霞客对静闻说："云嵝山上有大虫出没。为保险起见，我们分成水、陆两路。你带上我们所有行李，走水路，从芳子树下上船，顺流直至衡州（今湖南衡阳）城。我们约定，本月十七日那天，在衡州城草桥塔下碰头，不见不散。顾仆带上水和干粮，轻装简从，随我走陆路。我们计划探访茶陵、攸县诸山后，立即去衡州与你会合。"

静闻应诺。早饭毕，带着所有行李箱上船，离开码头，顺流而下，往衡州去了。

徐霞客带着顾行，也准备去往云嶂山。

这时，昨夜住店的谭老板，拄着拐杖走过来，拦住去路。他满脸悲伤，哀求道："徐先生，您再考虑一下，是否有上山的必要，你们好好的两个人，上山也没啥要紧的事，万一发生不测，悔之晚矣，岂非不值？"

徐霞客笑道："店家，谢谢您的美意。人各有志，我喜欢山水，置万里道途于度外，置七尺形骸于死外，做个山鬼游魂，也算死得其所。"

谭老板觉得不可思议，再次打量徐霞客，知此男子非同一般，遂不再相劝。随即返回店里，取来一把铁叉和一个布袋，对徐霞客说："此去云嵝山，凶险未知，这把铁叉权作防身之用。另外，这布袋里有些烙饼，山里无有人家，你们也好临时充饥。"徐霞客深深道谢。

谭老板对这位远道而来，且"明知山有虎，偏向嵝山行"的世间奇人，从心底里生出无限敬意。他反复叮嘱徐霞客路上要小心，并简单画了一张通往云嵝寺的线路图。

告别谭老板后，徐霞客带着顾行，带着烙饼与铁叉出发了。

启程不久，天空忽然霏霏雨下。徐霞客想，早上还以为是晴天，现在却转阴雨，莫非是上苍在向我暗示什么？

主仆二人渡过一条溪流到南岸，顺流往西行，越过山岗，来到一个小村。徐霞客见有农夫憩息于树下，遂上前询问去往云嵝山的道路。

徐霞客抱拳作揖，问道："老丈，我们远道而来，请问宝村大名？"

农夫见来人相貌不俗，忙起身还礼："小村名高陇。客官将往何处？"

徐霞客回答："听说茶陵有云嵝山，正欲前往，不想在此迷路，还请老丈指点方向。"

老农一听"云嵝山"三字，瞬间脸色大变。他沉思片刻，说："那山中大虫出没，村人避之不及，你何故冒死前往？莫非，客官也想去探寻云嵝宝藏？"

徐霞客一时没听明白，细问之下才知，那云嵝山除了大虫，还有个宝藏的故事。想当初，孤舟大师前来开山造寺，带来一盒金子。建云嵝寺就地取材，所费银子有限。不久前，有两个寻宝者擅自入山，但至今未归。

徐霞客说："我们不去寻宝，只想去山上看看云嵝寺故址，别无他想。"

农夫听了连连摇头，完全不相信。不去寻宝，跑很远的路就是为看个山野荒寺，这人不是发癫么。老农不再说话，也不打招呼，扛着铁锹转身离去。

徐霞客在后面听到农夫嘴里哼的一声。显然，农夫认为遇到不诚实的人，不愿再搭理。

徐霞客心想，老丈您真的冤枉我了。没办

法，他只得再次打开谭老板画的线路图，细究半天，那图简直像鬼画符，不看也罢。可山道弯弯，前路茫茫，何去何从？这时，随行的顾行仿佛有了主意，他说："老爷，我有个办法，很管用。"

徐霞客看见很少说话的顾行有了主意，颇为意外："你且说说。"

顾行说："老爷，我们离开芳子树下并不遥远，若返回去，还可以坐船，赶上静闻，然后一起到达衡州。"

徐霞客说："我以为是什么好办法，原来是个馊主意。照你这么说，我快马加鞭，不出半月便可走完全程，岂不更好。还要你跟在后面做甚。"顾行自知没趣，不再说话。

徐霞客立在树下，不辨方向。他觉得还得等个人，问清线路就会少走冤枉路。不大一会儿，村头又走来一个长者，徐霞客再次施礼，向长者说明来意。

长者上下打量徐霞客，见其风尘仆仆，顿生敬意。长者指着前方说："此地名高陇村，从此渡溪流到北面，越山冈两座，约五里路，到达盘龙庵。从盘龙庵，分岔一大一小两条山道，大道直通茶陵城；小道顺溪流向南去，为小江口，这是通往云嵝山的路。"

徐霞客一听，线路十分清晰。对长者万分感谢。

长者又说："云嵝山在茶陵东面五十里地，那儿有条溪叫沙江。只是山岭深幽，峰峦峻峭，是个老虎窝，只你们两个如何去得？实在要去，也得结伴五六人，多则十余人，方可进云嵝山。"

徐霞客发现，现在只要向人打听去云嵝山的路，都会无一例外地提出告诫：莫入！莫入！

当地人对云嵝山的恐惧，更加引起徐霞客的浓厚兴趣。

云嵝山真的那么恐怖吗？

有了长者指引，徐霞客一路向前，很快就找到了已经破落的盘龙庵。果然，盘龙庵前岔出大小两条山道，大道通茶陵城，小道去云嵝山。

雨势渐大。徐霞客与顾行在盘龙庵躲雨。他

很清楚，如果沿着大路，可以很快到达茶陵。而行走山道，则意味着一路危机四伏，性命堪忧。

就在这时，有个年轻人拿着雨伞，似乎要沿着大道前往茶陵。徐霞客一看是当地人，不肯放过问路的机会："这位相公，请教去云嵝山，是走旁边的这条小道么？"

年轻人很吃惊地看着徐霞客，说道："正是。若走此道，如果没几个人结伴而行，那是万万不能进去的。我以前入山数次，也是团伙出入。先生既然想入山，我愿意当您的向导。这样吧，先请您和我一起回家，我再找几个人，一起上路。"

徐霞客大喜，简直遇见活菩萨，连连道谢。徐霞客随着向导入村，到他家中。然后向导又外出，找到三个年轻人，每人手里都拿着刀棍、火把，准备冒雨入山。

雨渐渐密集。向导说，不能再等了，否则天黑之前，赶不回来，我们立即出发。

徐霞客与向导一共六人，手持火把进入云嵝山中。走了一个多时辰，有条小溪从西南的峡谷中穿流而出，石崖层层横贯，对峙如门。向导说："这里就是虎穴，上山烧炭、打柴的村民都不敢进去。"

徐霞客好奇，想看看老虎窝。向导让大家屏息噤声，带着徐霞客悄悄靠近。只见一些乱石堆，未见老虎出没。向导不敢久留，让大家轻声，蹑手蹑脚绕道而行。

雨越下越猛，山间溪流越激。走过一段山道，忽见一块平整的谷地。向导说，这里叫和尚园，原是云嵝寺和尚的一块田地。孤舟大师圆寂之后，即埋于此，原有小塔，后因无人料理，遂圮塌。徐霞客请向导带他去看废塔旧址，向导就领着徐霞客在和尚园里寻找。田园荒芜，最后终于找到，地上只一堆碎砖块而已。向导说："我们快走吧，此地不宜久留。"

徐霞客问："云嵝寺还有多远？"

向导说："不到两里地，前面就是。"

从那片平坦的谷地行走，又翻过一座小山，顺着一条曲折的山溪前行，走了一里路，向导说，云嵝寺到了。

徐霞客看到，此地空无一人，山谷幽深，佛宇空寂。佛殿之上如来的金身，因久无香火祭供而透出冰冷的寒光。厨房的灶台里早已火灭烟空。徐霞客徘徊良久，想到名扬四方的云嵘寺如此颓败，嗟叹不已。

　　忽然间，一道闪电划过，巨雷呼啸而至，整个山谷为之震动。寺外的雨下得更大了。向导不安地看了看寺外，忽然说："不好！山里起了浓雾。"

　　徐霞客大惊，出寺门一看，果然，一阵浓雾翻卷而来，直扑云嵘寺。

　　向导对徐霞客说："山下有条小道，你们跟着我，快跑！"

　　徐霞客一行六人，怀着无比的恐惧，连滚带爬奔下山坡。徐霞客回首，那雾越升越高，把云嵘寺团团围住。更可怕的是，远处的山谷里，传来一声长啸。

　　对于这段恐怖经历，徐霞客在日记中这样写道：

　　"我们狼狈逃窜，走出溪口，向导忽然看到

水上有条船，连忙招呼船家等一等、等一等。就这样，我们终于搭上船，离开了恐怖的云嵝寺。小木船顺流飞桨，速度极快。我的衣服鞋子全湿透了，冰冷的水汽像针一样刺痛我的肌肤。我想上岸把衣服烤干，船家说不行，这里很危险。只顾着逃离，就连两岸耸立的群山，我也无暇探究了。"

后来，到了一个小码头，向导和三位伙伴下船，徐霞客拿出一点银子，想聊表谢意。向导谢绝了，他说："我等村野之人，山有野果，水有鱼，饿不死的。而你们，路途遥远，也不知何时才是尽头，你自己留着，路上慢慢用吧。后会有期。"

四人转身返回。徐霞客还站在水边，目送他们远去。

徐霞客回到船上，继续航程。从下午上船，大约行船四十里地，天就黑了。船夫又在夜色中，继续航行三十里地，终于看到了茶陵城的灯火。

顾行心有余悸，对徐霞客说："老爷，今天

吓死我了。如果我们走大路，早就到茶陵城了，哪里到这深更半夜的。可您偏走小路。"

徐霞客说："跟我这么久，你又不是不知道，有小路，我绝不会走大路，上山之后，尽量不走回头路。"

当夜，徐霞客主仆二人，借宿在城外的东江口，结束了进入湖南第一天惊心动魄、无可名状的旅程。

徐霞客未曾料到，这一切，仅仅是开始。

冰雪云阳山

徐霞客到达茶陵城之后，一直想寻找茶陵名胜紫云山和云阳山。

茶陵的天气，一会儿雨，一会儿云，变幻莫定。徐霞客带着顾行，先在风雨之中，游了城南的灵岩八景，山中遇六空和尚，当夜就借宿他的寺庙中。

次日，徐霞客登云阳山紫云峰，晚上宿在赤松坛。

云阳山东北端的高峰名紫云山。这里丘壑起伏，重峦叠嶂。寺庙、道观很多。在紫云山腰的观音庵，老和尚松岩向徐霞客介绍了上云阳山的三条路：

一条是北道，从洣水边的洪山庙登山，可达极顶；一条是东道，从赤松坛登山。

还有一条谷道，即在两条登峰主道之间，从观音庵侧面的小路，横穿一里，可达青莲庵。这样可不必下紫云山。

徐霞客舍弃了大道，而选择了"谷道"。他在浓雾和冰堆中，越过两道尖刀似的山梁，意外看见了绝美的冰雪风光："峰脊冰块满枝，寒气所结，大者如拳，小者如蛋，依枝而成，遇风而坠，俱堆积满地。"

面对满地堆积如山的冰珠，徐霞客悄悄拿了一块在手上，晶莹透亮。他把冰珠一扔，地上的冰珠四处散开，像无数玻璃球在滚动。这里虽是云阳山脉的第二高峰，可眼前璀璨的冰雪风光，却是从未见过的奇迹。

正月十四日。徐霞客看看天气，但见山顶浓雾弥漫，零星小雨也没有停息的意思，就不再有登云阳山顶的希望，只想绕出云阳山北麓。

行走数里，遇洪山庙，风雨交加。徐霞客主仆二人便停留庙中，买些柴禾，烧火烤衣服。大雨未歇，一整天都在下，徐霞客也是一整天围着火盆烤火。

庙里的和尚告诉徐霞客，后面有条山路，沿着它往南，可以登到云阳山最高顶。

当时庙下面有条江，江边停着几只船。船夫屡屡招呼徐霞客，说明天可搭船，回茶陵城里过元宵节。徐霞客心里只有云阳山，宁可蜷缩在冰冷的洪山庙，也不愿回城。

第二天是元宵节。船家一而再再而三，强烈要求徐霞客登舟返城，并说城里的彩灯甚美。

徐霞客看了看天气，决定不放弃云阳山。在温暖热闹的元宵节与冰天雪地的山峰之间，徐霞客毫不犹豫，选择了登云阳山。

按照洪山庙和尚的指引，他们从庙后上山。翻过一山又一山，山岭之上，叶片似的冰块纷乱杂沓，让人眼花缭乱。忽然，顾行说："老爷，我往南望见山峰顶上有一座石桥，飞架在两端。"

徐霞客听闻有这等奇观，急忙眺望。寻找许久，亦未能望见。心想，肯定是冰雪刺眼，产生幻觉了。但徐霞客意外发现，往东南方向，横连着一个高顶，那高顶应是登云阳山顶的路。于是往东南越过山脊，仰头直往上爬，又走一里，再越过一山脊，山岭上冰雪层层堆积，身体就像在玉树丛林中穿行。又走一里，接连翻过两座山峰，才登到最高顶。

徐霞客登山，除非特殊情况，回程时，绝不走原路。这是一个优秀探险家的经验之谈。好不容易出门一趟，原路返回，寡淡，令人扫兴。而另辟蹊径，常常会有意想不到的奇观和发现。

上山时走的是南麓，徐霞客决定，从西麓下山。可西山坡人迹罕至，没有山道。主仆二人在茅草丛中行走，那些冰冻的茅草打在人脸上，又冷又疼。四面而望，茅草蒺藜，被冰凌黏结着，人行其中，已经到了上不能举手、下无从投足的地步。

这一段路程，当地根本没人走过。徐霞客带着顾行，像猴子一样，或吊在树上，或悬空在崖石上，向前纵跃。

徐霞客带着顾行，像猴子一样，或吊在树上，或悬空在崖石上，向前纵跃。

更糟糕的是，徐霞客透过雾障，看到草丛间有几堆乱石，他想起在云嵝山看见的虎穴，就是这个样子。徐霞客的心一下子提到嗓子眼儿，他头皮发麻，吓出一身冷汗："顾行，快走，这里是虎窝！"

云阳山上有虎吗？虎很多。徐霞客看到的那几堆石窝，是虎窝吗？确凿无疑。只是老虎不在家。否则，老虎早就将主仆二人饱餐一顿了。

徐霞客拉着顾行连滚带爬，离开了虎窝。

可两人滚落到什么地方，他们自己也不清楚。总之，他们仍然心有余悸，提防着老虎随时出现。

刚才也许太紧张了。徐霞客稍稍稳定情绪，这才发现，处境更加不妙。他和顾行滚下来的地方，是一个陡坡，要想到下面的山谷，却无路可走。

顾行很害怕，他说："老爷，我们这下完了，人没被老虎吃掉，却在这里上不上，下不下，叫天不应，叫地不灵，不是被饿死，也会被冻死。"

徐霞客说："是吗？你对我就那么没信心？

“老爷，离开这个鬼地方，除非您会飞。”

“除了飞呢，就没其他办法吗？”

顾行想了半天，说："实在想不出有什么办法。"

徐霞客说："滚！"

顾行："老爷，我死心塌地跟着您，照顾您，现在让我滚，我也没地方滚啊！"

徐霞客说："你不滚，那我滚。你看着我，记住，头巾裹脸，双手抱住头。"

徐霞客没有任何犹豫，笔直躺下，向山坡下面滚去。

顾行这才明白，这回，该他滚了。

主仆二人滚落山谷。

徐霞客说："三国时，曹魏征西将军邓艾成功偷渡阴平，其中就用了这一招。可是，邓艾他们身上还有羊皮什么的包裹着，做一层保护，可我们什么保护都没有。顾行，你身上没事吧，哪儿疼吗？"

顾行说："老爷，我现在浑身哪儿都疼。"

徐霞客和顾行二人，脸上被藤条、倒钩的树

枝、荆棘等划破了一道道血痕，身上衣衫褴褛。走在路上，有人向他俩递食物，无限怜悯地望着这两个无家可归的人。

探访麻叶洞

　　茶陵云阳山有许多奇怪的洞穴。这些洞穴，具有南方喀斯特地貌（即岩溶地貌）的典型特征，即洞穴多，地下河发达，有深不可测的竖井等。

　　徐霞客在云阳山期间，听说有两个奇洞，一个叫秦人洞，一个叫麻叶洞，在当地非常有名。洞里究竟有些什么？徐霞客决定入洞探险，寻找当地百姓所说的"精怪"。

　　徐霞客进入秦人洞，里面只有中洞和下洞，景致一般。却没见到上洞。当地村民告诉他，上洞，就是上清潭，洞口很窄，泉水从洞内流出，人很难进去。徐霞客问为什么。村民回答："上清潭与麻叶洞，都是精怪潜伏的地方，不只是难以进去，最主要的是，自古以来，谁也不敢进去。"

徐霞客听了这话，立即兴奋起来。心想，既然没人进去，那我倒要一试，到这两个穴洞里看看，精怪是何模样。

一听说有人要探上清潭和麻叶洞，当地村民，没有一个人肯当向导。徐霞客往北走了半里路，遇到个打柴人，他总算愿意带徐霞客去上清潭。那洞就在路下边，洞门朝东，其洞口，如两掌相合，成人字形状。

徐霞客准备泅水入洞。可向导只肯提供火把，坚决不肯当前导。徐霞客没办法，只得脱去衣服，一只手举着火把，侧着身子，像水蛇一样，匍匐进入洞中。石间的缝隙低矮、狭窄，水已淹没大半，徐霞客必须身体没入水中，把火把平伸水面，才能进去。

此时，水面上的空隙，不到五寸。徐霞客若在水中爬进去，口鼻都要碰到水面，而且，即使贴着缝隙，火把仍有一半泡在水中。

当时，顾行正在洞外守着衣服。徐霞客想，

我若游水进去，可谁为我递火把呢？身体可以从水中过，火把却过不去。先前，在秦人洞，水淹到膝盖、浸过大腿，都感觉温暖，而此洞中，水寒冰冷，与外面溪涧中的水没有差别，里面应该是深潭。可惜，没有火把，一切都是空想。还是出洞吧。

徐霞客浑身起了鸡皮疙瘩。出洞后，立即披上衣服，在洞口烧火烘烤。过了好久，身上才有了点暖意。他想，上清潭有水进不去，很遗憾，但是麻叶洞呢，也像上清潭那样吗？

有人胆敢探访麻叶洞的信息，很快传遍了麻叶湾村的各个角落。全村男女老少倾巢出动，前来看热闹。

距离上清潭三里，就到了麻叶洞。洞口朝南，仅如斗大，往下看，漆黑一片。

徐霞客在村中，找了很多村民。但当地人也只答应提供火把，无人敢当向导探洞。他们说："这洞中有精怪。非有法术者，不能降服。"

徐霞客说："我出一两银子，请哪位村民做向导。"

没人答应。徐霞客说："我出二两。"

二两银子在当地来说，可谓重金。终于，有个村民站出来说："那让我来试试。"

那个村民有点颤抖，哆哆嗦嗦脱去衣服，将要入洞，忽然停住了，问徐霞客："先生是个读书人？"

徐霞客觉得奇怪，入洞与读书人有何关系？就说："就算是个读书人吧。"

那个村民刚入洞半身，立即惊骇而出："我的天，我原以为你是降魔大师，所以才肯跟你进去。你是个百无一用的读书人，我岂能以身殉葬？"

徐霞客愕然。既然无人当向导，还是自己想办法解决吧。徐霞客把行李寄在村民家，与顾仆一起，各持火把进入洞中。

当时，在洞口看热闹的村民，有几十人，打柴的腰插镰刀，种田的肩扛锄头，妇女们停止了做饭，织布者停止了机梭。还有放牧的童子，背东西的行人，等等，接踵而至，但没有一个人愿意跟随徐霞客入洞。

那么，徐霞客与顾行进入洞中，看到的是什么？

徐霞客入洞之后，蛇伏以进，背磨腰贴，渐次发现了一个奇异的世界。洞中石幻异形，肤理顿换，乱石轰驾，若楼台层叠；洞顶有个孔洞，光线由隙中下射，若明星钩月，可望而不可摘。两壁石质石色，光莹欲滴，垂柱倒莲，纹若镂雕，形欲飞舞；乳石如莲花下垂，连络成帏。

徐霞客观看之后，叹为观止，他给麻叶洞三个评语：一、"此衕（lòng）中第一奇也"；二、"恍若脱胎易世"；三、"余所见洞，俱莫能及"。

徐霞客带了十支火把，已快用尽，不得不立即返回洞口。让他惊讶的是，洞外看热闹的人，又增加了几十个。他们见徐霞客安然出洞，个个称奇。徐霞客告诉他们，洞里很美，没有什么精怪。

村民说："先生真是高人！一定是个大法师！我们在洞口守候了很久，以为你们已落入精怪之口，想进去看，又不敢。现在你们安然无恙，真是神灵保佑。"

徐霞客向麻叶洞村的村民们道谢，取了行李，继续赶路。当时太阳已落山。今日收获不错，肚中正饥，便于集市中弄了些酒，投宿在黄石铺。

　　这天晚上，碧空如洗，月白霜寒。徐霞客走得太累，倒下就睡着了。

湘江遇劫

崇祯十年（1637）二月，徐霞客和顾行到达衡州，与在此等候的静闻和尚会合。十一日，三人搭了一条客船，离开衡州，沿湘江放舟南行。他们准备翻越南岭，进入广西。

滴滴答答下了一夜的雨，终于在天明时候渐渐停歇。徐霞客走出封闭浑浊的舱室，站立船首，清新的山野气息扑面而来。春寒料峭的时节，湘江温暖而湿润，徐霞客整个身心为之一爽，他纵目四顾，虽然天色是灰蒙蒙的，但船已扬帆一路南下，越往前行，越像是在驶向春天。谁说前面就不是一个阳光灿烂的日子在等着他呢？

江流无声，四野寂静。凭借多年的野外考察

经验，徐霞客忽然感觉到某种不安，因为周围安静得有些可怕。

整个白天，未见任何异常。因船只溯湘江而行，行速迟缓，徐霞客觉得这样也不错，可以慢慢欣赏两岸景致。离开衡州后，舟行二十五里，到达钩栏滩。这里位于衡州府城南，俗称湘江第一滩。湘江北去，至钩栏滩江流变深，水面变窄，水势看起来十分平缓，水下却暗流汹涌。

船折往西行，到了一个古渡口，船家谓之东阳渡。北岸有几根烟囱，青烟袅袅。船家介绍，这是琉璃厂，专为桂王府烧造各种器皿。

越往前行，船速越慢。拐了几个弯之后，又继续南行。

此时已是午后，天色居然渐渐明朗起来，太阳在云层里忽明忽暗，摇摆不定。最后，总算摇摇晃晃钻出云层。和上午雾蒙蒙的天气相比，可谓风和日丽。

旅途漫漫，船上寂寞。同船的几个旅客聚在船首，一边观赏湘江，一边聊天，谈着各种江湖异闻。

这是一条客船，乘客有这么几组人：

第一组：主人徐霞客，同行者静闻和尚，挑担的仆人顾行。

第二组：主人艾行可和他的随仆。艾行可，在衡州桂王府当差，负责王府祭祀等司仪工作，算是这条船上最有身份的人了，言语之间，表现出对其他乘客的不屑一顾。同样，他对布衣徐霞客，也是爱理不理，尽管徐霞客满怀谦卑，向他打听一些事略见闻。

第三组，石瑶庭和他的随仆。石瑶庭与徐霞客算是老乡，祖籍苏州，现为衡州人，移居此地已经到了第三代人。

第四组，徽商及随仆五人。

不知不觉中，新塘码头已经到了。船家招呼大家说，我们在此过夜。当时太阳还有余晖，而那地方只有两只装载谷子的船，于是靠拢上去，停泊在一起。不久，又有五六条船也跟着在那里停泊下来。

码头很荒凉，附近没有村落。本来，由于总是下雨，好久没有见到月亮了，当晚却雨后月明，徐霞客心情大好，觉得原来楚地有"潇湘夜雨"一景，没想到今夕则"湘浦月明"。

忽然，江岸上传来阵阵啼哭，像幼童，又如妇女，哭了有一更天都不止。在寂静的夜晚，听这凄哭之声，令人毛骨悚然。

可水边的船上，一片寂然，无人敢问。

徐霞客听了，却睡不着。可又有什么办法呢？也许，是个骗局。等你怜悯去救她，后面肯定会有人跟随敲诈。江湖上的仙人跳，不就是这样吗？

可是，静闻和尚满怀慈悲之心，他不忍听那凄切之声。到二更天时，他想上岸小解。静闻对佛家戒律遵守很严。他有个怪癖：在舟船之上，吐痰解溲（sōu）绝对不向水中，一定要等到停泊，上岸去找合适的地方。

静闻就去询问那啼哭的人，原是个少年，他说是王宦官的门童，年纪才十二岁，因为王宦官酗酒，常常拿棍子责罚他，因此想逃跑。

静闻劝他回去，并好言好语相劝。他竟然躺在岸边不肯动。

静闻不明白这是怎么回事。等他回到船上不久，突然听见一群江盗举着火把，叫着喊着，从岸上冲下来。一时间，刀光剑影，哭声一片。江盗开始洗劫客船。

　　徐霞客没想到会遇上这等事件，他急忙掀开铺板，从下面取出匣子，那里面装着西南行程的所有银子。他想转移到其他地方。

　　徐霞客想走到船尾，将匣子投入水中。可那些江盗，正挥剑砍着船尾的舱门，不能过去。

　　徐霞客担心旅费落到盗匪手里，于是用力掀起船篷，不管三七二十一，将装银的匣子投到江中。

　　静闻、顾行、艾行可、石瑶庭，以及艾、石的仆人，或光着身子，或裹着被子，都被逼到一起。船头的江盗从中舱向后，船后的江盗砍开船的后门往前，前后夹击，刀戟乱刺。

　　船舱中的旅客个个跪在强盗面前，请求饶命。盗贼毫不理会，用刀照戳不误。情急之下，大家只得抗争，一齐使劲掀开船篷，争先恐后逃入水中。

徐霞客最后跳船，被船上的绳子绊了一跤，头先触到江底，耳鼻都灌了水，急忙上浮，好在水不深，只及腰部，就逆流从江中走，一刻不停地走，怕江盗赶上来。

远处，正好有条邻船开了过来，徐霞客上前求救。

船家见徐霞客浑身打颤，就找了一床被子给他，让他躺在船中。船逆流而上，行了三四里，停泊在一个叫香炉山的山下。

回首望去，那只被抢劫的船火光冲天，江盗发出信号，终于离去。

等了好久，曾经停泊在一起的船只，陆续转移，停靠在香炉山下。大家冻得受不了，挤在一床被子里。徐霞客庆幸自己处于刀剑丛中，毫发无伤，只是不知道静闻、顾行现在怎么样，他们受伤了没有。如果他们聪明些，一起投入江中，就能免于虎口。至于钱财，毕竟是身外之物，可不去计较。

后来，徐霞客在几只船上到处打听，才找到

顾行，他身上中了四刀，浑身是血，呻吟不已。

静闻和尚不见踪影，不知死活。快到天亮时，天不作美，霏霏细雨落下。现在衣不蔽体，又身无分文，这可如何是好？

第二天，邻船上一个姓戴的客人，很同情徐霞客，给了他一些简单的衣服。可是，天一亮就要开销啊，这日子该怎么过呢？在关键时刻，戴姓客人能分出衣服给自己蔽体，显得多么可贵，怎么答谢人家呢？

就在徐霞客四顾茫然、无所适从的时候，忽然想起，自己的头发里，还有一支银耳挖！

这是一个职业探险家的生存秘技。

原来，徐霞客的长发，向来不用打髻，这样就用不着簪子了。但是，这次远行，走到苏州时，忽想起二十年前的一件事。当时从福建返回到钱塘江边，随身携带的财物已经用完，就从发髻中摸到一支银簪，剪下一半付了饭钱，另一半雇了一乘轿子。

于是，此次旅行换了一个耳挖，一是用来盘束头发，二是用以防备不时之需。

徐霞客此次落入江中，幸亏有这耳挖，头发得以绾（wǎn）住，没散开。桂王府的艾行可，因为披着长发而行，落入水中，可能是长发被水草或树根、枯枝缠住，以致无救。

一件物品虽然微小，但有时也能保命啊。

为了感谢戴姓客人，徐霞客就把银耳挖折了一半给他。然后，大家问了姓名，然后互道珍重，匆匆告别。

徐霞客和顾行，还有其他一同下船的四人，共六人，衣不遮体，蓬头赤脚，神情怪异，步态狼狈，行走在早晨刺骨的寒风里。

碎石块划破了脚板底，往前不能走，想停下又不能。只得跌跌撞撞，沿着江岸走几步算几步。

六个人看到了昨夜被烧毁的船只，他们都在凄惨的寒风中，颤抖着呼唤失散同伴的名字。徐霞客和顾行高喊着："静闻，你在哪里——"

江风夹着冷雨，打在身上，犹如刀割。凄厉无助的叫喊声，在冰冷的寒风中，令人发怵。

也许是苍天有眼。没多久，静闻居然听到徐

霞客和顾行的呼唤："我没死。我在这儿呢！"

徐霞客心头的石头落地了。谢天谢地，你还活着，我们三个都还活着。

徐霞客忙问："我的书稿呢？"静闻说："都在呢。只是钱没找到。"徐霞客抱着书稿，如同抱着失散的孩子。

静闻说："江盗不敢对僧人下手。"所以他独自守船，抢救被烧的衣物、文件。

徐霞客一行三人，性命是保住了，可行李损失殆尽。徐霞客入水打捞装银的匣子，匣子捞上来了，可里面的钱却没了，一些珍贵的书籍和重要的信函也片纸不见。

现在身无分文，继续西行已无可能，怎么办？

徐霞客没有任何犹豫，对静闻说："如果返回，我就会被妻儿所挽留，不可能再有机会万里之行了。所以，既然已走到这里，我决定先返回衡州筹集路费，然后南下，进入广西。"

求证三分石

回到衡州后，徐霞客与静闻一起，想尽办法筹集旅资。最后在朋友金祥甫和刘明宇等人的帮助下，总算筹到一些资金，终于可以起程了。

静闻决定留在衡州，继续化缘。徐霞客和顾行离开衡州，经道州进入宁远（两地均属今湖南），向九嶷（yí）山进发。

《史记·五帝本纪》记载：舜"南巡狩，崩于苍梧之野，葬于江南九嶷，是为零陵。"舜是远古传说中的部落联盟的首领，史称虞舜。他巡行四方，治理民事，挑选贤人，并选拔治水有功的禹为继承人，传说他在南方的苍梧去世，葬于九嶷山。

山上有三块竖立的巨石，高耸入云，直插蓝天，亦称舜公石。传说潇水源此，一分为三，故又称三分石。传说归传说，真实的情况，果真如此吗？这是徐霞客考察的重点。徐霞客前往九嶷山，追寻潇水源头。

　　徐霞客打听去三分石的道路。当地人说："去此甚远，都是瑶民居住的地方，须得瑶人为向导。然而中途无宿处，须携带火把，露天住宿，才可以前往。"

　　徐霞客用优厚的酬劳，请了一位刘姓村民做向导，约好明日若晴朗便去三分石。后因连日风雨，一推再推，直到二十八日才成行。

　　徐霞客、刘向导、顾行共三人，从玉绾岩出发，向东南行。爬到鳌头山上，向导说，应该可以看到三分石了。徐霞客向南眺望，群山之上一片云雾，什么也看不到。歇息一阵，云雾突然散去，隐隐约约能看见三分石的影廓。转眼之间，又被云雾掩住。徐霞客心想，这三分石，原来与江山县（今浙江江山市）的江郎山十分相似，江郎山是浙水之源，三分石是潇水之源。所不同的是，江郎山高高耸立在半山上，而三分石却是悬于万峰绝顶，十分奇异。徐霞客远望三分石，心情更加迫切，催促向导走快些。

徐霞客看到一些枯树间，长着黄白色的蕈（xùn），厚大如盘。真是天降美味，觉得不采摘一些，实属暴殄（tiǎn）天物。他自己摘了不少放入袖中，也让顾行和刘向导一起摘，以备不时之需。

天色渐黑。向导说："这么晚了，我们还是先找个地方过夜吧。"徐霞客停住脚步，见山间岚雾越来越浓，再向三分石遥望，还是无法看见。徐霞客说："那我们就找个地方，明晨再说。"

三个人找来找去，终于发现一棵老松，周围还有一些青竹，大家整理出一块地方，就在这里过夜了。

一路翻山越岭，此时三人肚中正饥。可山高无水，有火也没办法煮饭。

这里是无边的荒野，群山寂静。黑夜就像个巨大的野兽，把一切吞噬。不知从什么地方，传来一两声凄厉的怪叫声。顾行吓得直发抖："老

　　三个人找来找去，终于发现一棵老松，周围还有一些青竹，大家整理出一块地方，就在这里过夜了。

爷，有点冷。"

徐霞客让向导去砍大点的松木，先把篝火燃烧起来。

三人围着篝火。徐霞客让顾行拿出蕈菌，再加上自己袖中的一些，用竹枝串起，在篝火上烤着吃。一时间，蕈菌的香味，让三个人忘记了寒冷，也忘记了独处山野的危险。

徐霞客具有十分丰富的野外生存经验。比如烤蕈菌，至少，吃的问题可以随地解决，山上各种野菌很多。还有就是露营。徐霞客行走的路线，基本上都是别人没有走过的，顾行跟在后面，主要就是背着两床被子，随时可以安营扎寨。

在这潇水之源的寒夜里，三个人围着篝火，蕈菌也吃过了，正准备摊开被盖休息。突然，一种令人恐惧的啸叫声，不知从哪里传来，令人不安。

顾行吓得直哆嗦，他想说什么，又怕开口。三人谁也没说话，都盯着篝火，耳朵却在细听是什么声音。忽然间，一阵旋风呼啸而来，吼风大作，卷起火星，飞舞空中。

一开始，徐霞客还以为是什么奇观。可渐渐发现，有什么地方不对劲。眼前，那些火焰幽幽飘忽，晃来晃去，游移不定，又突然蹿起数丈之高。他无法解释为什么会这样。

三个人眼睁睁地看着那些奇怪的火焰在空中飞来飞去。顾行忽然想到了什么，尖叫一声："鬼火！"整个人都蒙在被子里。

顾行恐怖的叫声，令人不寒而颤。不一会儿，阵阵白雾在夜色中悄悄涌来，变幻出种种奇形怪状。

徐霞客起身观察，此时天上并非阴暗，因为还能看到繁星闪烁，可又感觉有丝丝细雨在落下。他连忙要顾行拿伞遮住被子。顾行说："老爷，我怕。"

徐霞客说："你别怕，去把篝火烧旺点，越大越好。没什么好怕的。"

徐霞客虽这么说，对于种种诡异的旋风、飘忽悬空的火光，种种奇异的怪事，也觉得难以理解。

一直到五更天，雨渐渐大些。徐霞客睡意全无。他发现，这世上有许多现象，并不是用奇观就能解释的。

天刚透亮，雨就停息了。徐霞客再次遥望，云雾之中，大家都看到了三分石挺拔的身影。三人差不多就在山脚，于是立即赶路。

走了几里路才发现，三分石还隔着一座山峰。一路走来，一堆堆的巨石，就像迷魂阵一样，把向导也弄懵了；转来转去，刚才还看到的三分石，转眼间不见了。

徐霞客就问向导："你到底有没有来过三分石？"

向导说："来过，肯定来过，只是忘记走哪条路了。"

三个人在巨石阵里走来走去，不知为什么，怎么也走不出去。三人面面相觑（qù），不知如何是好。

徐霞客再次遥望三分石，见它时隐时现，捉摸不定。徐霞客若有所思。

根据一路走来所看到的河流走向，徐霞客进行了考察与分析。他认为，所谓三分石，以前记载为："其下水一出广东，一出广西，一下九嶷为潇水，出湖广。"到了下面才知道，三分石，实际上是石峰分成三支耸起。"其下水，东北者为潇源，合北、西诸水，即五涧交会者，出大洋，为潇水之源。"

他认为，潇水有两个源，即南源和北源。

潇源情况已基本考察清楚，那就不一定要登上三分石。徐霞客向三分石拜了又拜，对向导说："我们回去吧。"

徐霞客探险，从来都是毫无畏惧，勇往直前，绝不后退。现在已经到了三分石下，他决定放弃继续攀登。三分石是舜冢所在，是舜帝的葬所，又是九嶷山九峰的朝宗之峰，还是悄悄离开，不要惊动了舜帝的安息吧。

畅游真仙岩

　　徐霞客一行三人跨过了逶迤的南岭，由湖南进入广西。徐霞客因一介布衣身份，和静闻一起，想尽各种办法，费尽所有心思，也未能登上桂林靖江王府内的独秀峰。他怅然若失，在无比的郁闷中，离开了爱恨交加的桂林，前往柳州。

　　此时，正是岭南炎热的暑天，瘴气弥漫，由于水土不适，加上刀伤，静闻和顾行都病倒了，奄奄垂毙。这下可忙坏了徐霞客，既要照料病人，又要进行考察。他在游记中写道："忧心忡忡，进退未知所适从。"后来，顾行逐渐好转，可以照顾静闻，徐霞客只得一人外出，前往周边县城。

　　崇祯十年（1637）六月下旬，徐霞客乘舟溯柳江，来到融县（今广西融水苗族自治县）。一路上，他发现，柳州的山与桂林的山，有些不一样。桂林都是石山，没有土山相杂，而这里却是石山和土山相间。

连绵的土山之间，忽然有石峰数十座，挺立成队，陡峭耸立，或隐或现，给人以芙蓉出秀水的清丽之感。

在融县，有个著名的溶洞叫真仙岩，高悬于县城南面的群岭之中。洞内结构复杂，有陆洞、水洞之分。陆洞有僧寺居住，还有各种钟乳奇观。水洞，俗称地下河，暗流涌动，幽深难测。

徐霞客已经听很多当地人推荐此洞，所以一定要来此洞看一下。让徐霞客自己都没有预料到的是，他在这座真仙岩里，住了十三天，也是他三十年旅行生涯中，在一个洞内住得最久的一次。

徐霞客请僧人参慧为向导，领他游陆洞。这里是典型的岩溶地貌，洞中有各种钟乳巨石。其中有一处，一巨柱中悬，下环白象青牛。还有著名的石钟乳老君石像，端坐于灵寿溪边，高二丈余，须眉皓发，神态飘逸，栩栩如生。真仙岩因此老君像而得名。

徐霞客举着火把继续往前走。突然，他看见一条巨蟒横卧面前，不见首尾，伏在那里一动不动。

火光下的巨蟒，全身的鳞片亮晶晶的。徐霞客第一次看见这么大的巨蟒，心里有些害怕。好在参慧天天住在这里，对大蟒见怪不怪。参慧说："徐施主请放心，大蟒不会主动咬人的。这个山洞，原来就是它的地盘。我们来，只是打扰它了。我们直接跨过去。"

徐霞客在外出考察时，各类蛇见过不少，也有些对付蛇的经验，可这么大的蟒蛇横在面前，仍然不敢贸然上前。参慧已从巨蟒身上跨过去，看样子，他已经司空见惯。

巨蟒像山一样堵在面前，徐霞客感到一股冰凉的冷气，浑身汗毛竖起来。如果跨过去，脚尖碰到巨蟒，或者踩到它，那会是什么后果呢？

徐霞客再一想，自己的身材，要比参慧高很多，他能跨过去，我能有什么问题呢？

徐霞客直接从巨蟒身上越过，回头一看，它仍然一动不动，这才放心。

穴中虽幽深，没有钟乳石柱在空中变幻，但下边有很多龙一样的石脊，盘绕交错地伏着，鳞甲爪子十分逼真，也是一处奇景。

游完了陆洞，徐霞客又想要探游水洞。参慧说："水洞流急，且未知深浅，至今未有人探访，恕不能为导。"徐霞客说："流急不要紧，此洞很大，可划船而访。"参慧见徐霞客如此执着，便答应帮着找船。

徐霞客也想办法自己找船。他遇到两个樵夫，请他们找船入真仙洞。两个樵夫很热心，找遍山下村庄，大部分没有船，可有船的又嫌山高，过不来。

参慧回来了，说没找到船。徐霞客说："我们这么多人，不会一点办法都没有。我倒有个主意：扎个小木筏进去。"参慧也觉得可行。于是，参慧命两个樵夫，明早多带几个人来，伐木扎筏。

第二天大早，樵夫们就来了，正式开工做木筏。大家都觉得新奇，个个干得有劲，效率很高，没多长时间，木筏做好了。

徐霞客说："各位师傅，你们做的这个筏好像太小了。"

樵夫说："不小。您就坐在上面，我们走到水里，做纤夫，一边三个人拉你，保证没问题。"

徐霞客很感动，命参慧把工钱先发给他们。拿了工钱的樵夫们，个个开心，还特地找了个木盆，放在木筏上，对徐霞客说："徐先生，您坐在木盆里，水就湿不到您的衣服了。"

徐霞客坐在盆中，把脚放在木筏上。不知是新奇，还是工钱给得高，樵夫们很卖力，积极性很高。他们作了分工，有负责两边拉纤绳的，有负责用竹篙夹持的，后面还有用肩头推的，前后有负责火把照明的，总之，小小的木筏，绝不亚于一顶八抬大轿的风光。

遇到深水或不太好拉纤时，就游泳，浮在水面，或拉或推，总之，要确保木筏前进。

真是一个仙人洞啊。由洞口溯流而入，仰望洞顶，但见弯隆高峻，两侧山崖的石壁，如劈开的翡翠夹着的美玉，层层石门重重洞穴，渐进渐

徐霞客坐在盆中，把脚放在木筏上。……小小的木筏，绝不亚于一顶八抬大轿的风光。

异，明光皎然。

这是徐霞客一生中最难忘怀的一次旅行。这么多人前呼后拥，他有点飘飘然的感觉，不由大声朗诵起李白"流水杳然""别有天地"的诗句。太白的诗好像是专门为他今日之洞游而吟咏的。

溶洞上方是空空的山洞，下边积着青黑色的深渊，两旁都有层层洞穴，镶嵌在石壁上，地下河的水波荡漾映照。

徐霞客回头看自己进来的地方，与前面即将到达的地方，彼此照耀。如此炫幻的光景，让人产生困惑：是人还是神仙，为什么会来到这里？全然无知。

负骨鸡足山

静闻是个执着的和尚，他与徐霞客的关系，可谓伴游。他一路上跟着徐霞客，吃尽千辛万苦，没有半句怨言。特别是湘江遇盗，静闻不顾生命危险，为徐霞客从匪徒的刀剑之下，抢救下一些经书和游记，作为朋友，可谓忠心至诚。

徐霞客很关心静闻的身体状况，为赶行程，特地预定了马匹，留给静闻用。

一天黎明，吃了早饭，徐霞客扶静闻上马。静闻刚登上坐骑，由于浑身乏力，又随即从马上滚落下来。

徐霞客认为，这可能是马的原因。他又牵着马回去调换。结果，换了两次马，都无法行走。

徐霞客打算让静闻乘车走，可车子行走山路，上坡下坡，颠得厉害，不太实用。最后，徐霞客想出了办法——用轿子抬。

花重金雇来三人抬轿。静闻坐着轿子。徐霞客独自先行，到前面驿站等静闻，走了一里，一看四面都是山冈，荒草连绵。翻过一座山，回头一看，静闻的轿子还未过来。

一直走到孟村。此时，静闻仍未到，徐霞客就在一家店铺中等静闻。

左等右等，还是不见静闻的轿子。徐霞客心里焦急，越是着急，越是等不到。只要有路人走过，徐霞客即去询问，都说途中未见轿子。徐霞客心里很不安。

有个路人说，看见一个和尚，躺在牛车里。徐霞客一听，不对，我雇的是轿子，怎么变成了牛车呢？

徐霞客一边走，一边打听。他见一个人就打听一下。有人说见过，有人说没见过。

天色将晚。终于有个村民告诉徐霞客，说在一个叫天妃庙（位于今广西柳州城中区）的地方，见过一个和尚。

于是，徐霞客又满城打听天妃庙的位置。等他找到的时候，浑身被汗水湿透，天也快黑了。

进入天妃庙，徐霞客与静闻相遇。原来，花重金雇的三个轿夫，见静闻孤身一人，就将他放在牛车上，一路颠簸，故意把静闻送到这座荒野的寺庙，然后把静闻的包袱、被盖等交给寺中僧人，作为食宿费抵押，径自离去。

徐霞客安慰静闻说，只要人找到，比什么都好，你在这里安心养病。尽管此刻，徐霞客已经精疲力竭，焦急、等待、无助……种种困苦，如漆黑的夜，向他袭来。

崇祯十年（1637）八月二十三日，徐霞客、静闻、顾行一行三人，乘舟过邕江，抵达南宁城。到达南宁后，静闻的病情突然加重。

徐霞客将静闻安顿在南宁崇善寺，委托僧人宝檀、云白代为照料。

静闻不吃不喝，滴水未进，身子极其虚弱，其症状是：发冷、发热、出汗、全身酸痛。经常呕吐、腹泻、咳嗽，有时昏迷，胡言乱语。徐霞客略懂些医道，认为是南方瘴气所致。自古以来，瘴气是一种令人恐怖的病症，一旦染病，基本上就是宣告死亡。

静闻似乎也知道，自己遇上了大麻烦。他把徐霞客叫到身边，然后从身上取出那部用鲜血书写的《法华经》，递给徐霞客，有气无力地说："徐公，我命不久矣，这部血经，以及我的骨殖（shi），拜托您，务请帮我带到鸡足山，如此，我无憾矣。"

徐霞客接过血经，说："上人，向您发誓，我一定帮您完成心愿！"

静闻满意地笑了，他说："还有最后一件事，要求您。"

徐霞客说："不管多少事，您请吩咐。"

静闻有气无力地说："徐公，我请求您，离开我，您和顾行先离开这里。走得远远的。"

徐霞客不解地问："为什么？"

静闻说："我不想让你和顾行看到我离世时那副难看的模样，请照顾我，让我保持最后一点尊严。拜托！"

徐霞客说："我怎么可以让你一个人留在这里？这庙里的和尚，我很不放心。"

静闻说："人世有病与无病，都是痛苦。我算是解脱，往生极乐。而你们，请立即离开，好吗？算我求你们了。"

徐霞客决定，尊重静闻的决定。临行前，徐霞客留了一些钱给静闻。想到静闻体弱惧风，又找人用竹席修补漏风的窗户。临别时，徐霞客看到静闻露出惨淡的笑容，他不忍再看，一扭头，带着顾行匆匆回到船上，在无比的失落中，开始了自己的左江之行。

本来，徐霞客想让顾行留下来照顾静闻，可顾行身体也未痊愈。带在身边，路上可以照顾他。结果，顾行路上又生病，夜里腹痛顿发，至晨，胀满如鼓。

十月初八这天，正在太平府（位于今广西崇左）考察的徐霞客，遇到从南宁匆匆赶来的一位僧人，得知静闻病逝。徐霞客终夜不寐，立即返回南宁崇善寺。

静闻被宝檀、云白等寺僧火化后，草草埋于城

徐霞客找到了静闻埋葬的地方，用一天时间，整理静闻的骨殖，放入陶瓶中。他要完成静闻的遗愿，背骨鸡足山。

郊。当徐霞客索要静闻遗下的竹箱、经书、衣物等财物时，宝檀、云白竟找出种种借口，百般刁难，拒绝归还，理由是，送走静闻，需各种费用。

徐霞客向寺僧反复交涉五六次，也无结果。无奈之下，徐霞客写了一张揭帖，请求南宁郡太守吴公出面主持公道。太守大人怎么可能为素不相识的一介布衣说话呢？南宁崇善寺的恶僧，给徐霞客留下了极其恶劣的印象。

后来，徐霞客找到了静闻埋葬的地方，用一天时间，整理静闻的骨殖，放入陶瓶中。他要完成静闻的遗愿，背骨鸡足山。

临行前，徐霞客再一次来到崇善寺，索取静闻遗物，却被宝檀、云白锁在屋内。宝檀恶狠狠威胁道："你说我谋死静闻，我恨不得谋杀你！"

听到如此毛骨悚然的恶语，徐霞客意识到自己身处险境，不宜再留。徐霞客作出妥协：不再索要值钱的财物，只取走静闻的戒衣和血经。

就这样，徐霞客背着静闻的骨殖继续赶路。他走出南宁城的朝京门，在细雨蒙蒙中，头也不回离开了南宁，去完成静闻未竟的心愿……

最后的旅程

　　当徐霞客和顾行拖着疲惫的身躯，衣衫褴褛地来到昆明时，他们看到了春城的阳光和鲜花，太阳正温暖地照耀着。可他们高兴不起来，因为沿途几次被盗，旅资即将告罄（qìng），二人正为此焦虑。

　　徐霞客和顾行像流浪汉一样，漫无目的地行走在昆明街头。

　　突然，有人来到徐霞客面前，彬彬有礼问道："阁下可是江阴徐霞客先生？"

　　徐霞客大惊，说："正是。"那人说："我家主人等您好久了。"

　　来人介绍说，主人唐大来，是陈继儒的好

友。陈继儒早就写信来，要接待您。今日有人报告，说街上出现两人，风尘仆仆，估计就是你俩。

在唐大来等朋友的帮助下，徐霞客的旅行状况终于有了好转。稍为安顿之后，立即前往大理鸡足山，完成静闻的遗愿。徐霞客在鸡足山悉檀寺，见到了弘辨、安仁两位大师，献上了静闻的遗骨和血经。两位大师听完徐霞客的讲述，了解了静闻的心愿和一路经历，潸（shān）然泪下。当即决定，为静闻择地筑塔安葬。同时，待徐霞客为上宾，提供一切帮助。

徐霞客在云南边境旅行一段时间后，返回鸡足山不久，又遭受了一次精神上的打击：一直忠心耿耿的顾行，竟不辞而别，卷走了徐霞客所有的钱物。

这让徐霞客伤感不已，他说："离乡三载，一主一仆，形影相依，一旦弃余于万里之外，何其忍也！"当时，有人建议徐霞客派人去追，量他没走多远。

徐霞客摇摇头，不想这么做。他说："不一定能追到。追到了，也不好强行要人家留下来。由他去吧。"

有了朋友的帮助，徐霞客在云南进行了一些山川考察。有一次，他从滇中的昆明地区经楚雄州，再到滇西的大理州、滇西北的丽江，对金沙江水系进行大量考证，探寻流入金沙江众多河流的有关情形。在元谋，他选取金沙江干流典型河段，到江边、江上作详细考察，最终指出金沙江是长江上源，否定儒家经典的"岷山导江"说。

由于徐霞客长期徒步行走，旧疾复发，他的脚病一直没有治好。

但是徐霞客并没有因此退却。他一边坚持治疗，一边应丽江土司木增之约请，在鸡足山悉檀寺修《鸡足山志》。

徐霞客享受着大理冬日的暖阳。偶尔走出门外散步，这才发现春天早已来临，在草木间栖息了一个冬天的大雁、海鸥、白鹭、黄鸭等飞鸟，纷纷离开温暖的枝头，成批成批地向北方飞去。候鸟们在天空中迁飞的身影铺天盖地，经日不绝。

徐霞客遥望北归的大雁，想到离开故乡已近

四载。家中妻儿，一切情形全然无知。心中忽生归意。

修好《鸡足山志》后，徐霞客的身体每况愈下，特别是双脚已无法站立。他告诉土司木增："余半生瓢饮，梦寐名山。今离家四载，甚念家中妻儿老小，想回归故里。"

木增同意了徐霞客的请求，并为他选派了八名精壮的纳西族汉子，用滑竿抬着徐霞客，一路送他回家。经过一百五十多天的颠簸，至湖北黄冈。在这里，徐霞客遇到了黄冈县令侯鼎铉（xuàn）。

侯鼎铉是黄道周的弟子，也是徐霞客的一个远亲。侯县令雇了大船，徐霞客转走水路，顺江而下。

崇祯十三年（1640）仲夏，徐霞客顺利抵达江阴。次年，在旸岐家中病故，享年五十六岁。

徐霞客临终前，把塾师季梦良叫来，嘱咐道："梦良贤弟，我有个重要的事想托付你来完成。我所有的旅行日记，都放在这个行囊里，你的为人学识，我最信得过。在外这些年，基本上每天都有记录，但散乱无绪，就麻烦你帮我编辑整理一下。"

季梦良不负重托，不辞辛劳，用了两年时间，整理出《徐霞客游记》。

那年秋天，季梦良把整理好的《徐霞客游记》，轻轻放在旸岐村徐霞客的墓前。旸岐村的芦苇花早早开放，秋风吹过，芦叶摩擦发出沙沙声响。远远望去，芦花如银似雪，仿佛与云天连成一片，让人感觉那芦苇深处，扑朔迷离，充满奇幻。

徐霞客
生平简表

● ◎ 明神宗万历十四年（1586）

十一月二十七日（1587年1月5日），生于南直隶常州府江阴县畽岐村，父徐有勉，母王孺人。

● ◎ 万历二十九年（1601）

赴江阴参加童子试，未中。趁此游邑城濒江诸山，第一次看到万里长江的奔腾壮阔。

● ◎ 万历三十二年（1604）

父卒。居畽岐村守孝三年。

●◎万历三十五年 (1607)

娶江阴著名诗人许学夷之女为妻，并与许学夷同游太湖等胜迹。

●◎万历三十七年 (1609)

沿京杭大运河北上，登泰山，游孔庙、孔林、孟庙，登峄山，入京师。

●◎万历四十一年 (1613)

赴浙江游洛迦山，首次游天台山、雁荡山。

●◎万历四十二年 (1614)

冬游南京。

●◎万历四十四年 (1616)

赴皖南，游白岳、黄山，入福建，游武夷山。

●◎万历四十五年（1617）

游江苏宜兴善卷洞、张公洞。妻许氏去世。

●◎万历四十六年（1618）

游江西庐山，再游黄山。

●◎明光宗泰昌元年（1620）

游福建仙游县九鲤湖。

●◎明熹宗天启三年（1623）

游河南嵩山、陕西华山和湖北武当山。

●◎天启四年（1624）

母亲王孺人八十寿庆，请画家作《秋圃晨机图》。第二年王孺人去世。

●◎明思宗崇祯元年（1628）

第三次前往福建，南抵漳州，并前往广东罗浮山，访郑鄤。

●◎崇祯二年（1629）

沿运河北上，至京师，游盘山、燕山等地。

●◎崇祯三年（1630）

访常州郑鄤。闻黄道周复官进京，急乘小舟追之，相会于丹阳。

第四次福建之行，途中，登浮盖山绝顶。

●◎崇祯五年（1632）

与族兄徐仲昭再游浙江天台山、雁荡山。

●◎崇祯六年（1633）

至京师，转赴山西，游五台山及恒山，再次下福建，游漳州，访黄道周。

●◎崇祯九年（1636）

是年秋，徐霞客感到老病将至，毅然踏上旅途，开始万里遐征。同行者有江阴迎福寺僧人静闻、王二（出发不久即逃走）、顾行。

●◎崇祯十年（1637）

由湖南入广西。乘舟自湘江上行，在新塘遇劫，川资尽失。静闻和尚于广西南宁崇善寺病故。

●◎崇祯十一年（1638）

由贵州入云南。

●◎崇祯十二年（1639）

在云南考察。顾行逃走。

●◎崇祯十三年（1640）

是年夏天，由云南返回故乡江阴。

正月二十七日（3月8日），病逝。